山东大学出版社

张士闪 李松 总主编

张士闪 张帅 张佳 著

山东村落田野研究丛书

洼子村

《山东村落田野研究丛书》
编委会

总序

编纂一套山东村落田野调查方面的丛书，立意甚早。20多年来，以山东大学为核心的山东民俗学团队，每年都会安排多次村落田野调查活动，许多博士、硕士学位论文也以村落为田野点，注重对田野材料的挖掘与分析，紧贴乡土作实证研究，迄今竟有百村之数。学术论文的阅读群终归有限，将这些辛苦得来的第一手田野资料，以写实的手法呈现出一个个真实的村落世界，向社会提供一份可信的国情资料，一直是我们共同的心愿。

2016年夏，山东大学民俗学研究所与山东大学出版社共同策划、申报"山东村落田野研究"选题，并于2017年春被列入国家出版基金规划资助项目，夙愿终偿。我们从以山东村落为田野点的博士、硕士学位论文中遴选出20种，邀约作者遵循"深描村落生活，凸显村民主体，梳理乡土文脉，展现国情底色"的原则，进行改写或重写。为使这一原则不致落空，我们课题组密集举办三次小型研讨活动，达成如下共识：

首先，小中见大，述而见议。这套丛书所选村落虽然都在山东，但学术视野并不自我设限，讲究以小见大，寓学理于讲述之中，助推对于中国社会的深入理解。这需要作者秉持综合、开阔的学术眼光，既关注村落的历史脉络，涵括其驳杂的历史动态，又聚焦当今村民主体话语，反映村落的社会现实和未来走向。

其次，关注传承，着眼动态。在乡土社会发生剧变的当下，我们理应重新观察和思考作为人类最基本的生活共同体的村落，关注其自治传统的传承及组织机制，得出符合其自身历史实际和内在逻辑的阐释。村落描述，不应该成为乡村琐事的拼盘，也不是对于一个个村落凝固幻象的编织，甚至也

不应满足于立此存照式的一幅幅风俗画。我们深信，就在众多村落所呈现的异同之间，蕴含着中国基层社会的真正奥秘。

再次，村民本位，日常视角。坚持村落民俗志描述中的村民本位，摆脱那种将文人的文字传统视为“唯一性知识”的旧习，将村民日常使用更广泛的口述、物象、仪式等知识形式，放在至少是与文字同等的位置。我们深知，白纸黑字所代表的文字表达传统，仅仅是占社会总体人数很少的文人阶层所推重的一种特殊知识形式，而远非人类知识之全部。在乡村社会中尤其如此。将村落的历史、当下与未来贯穿起来的村民，在“过日子”中凝结而成的丰富知识形式，理应在村落民俗志中显现光彩。我们期望这套丛书出版后，不仅供学者研究、都市人阅读，还有村民愿看，甚至成为村落典藏。让乡土知识真正实现“从民众中来，到民众中去”，是我们最大的心愿。

新世纪以来，随着以全球化、都市化为特征的现代生活的迅速普及，乡土民俗的连续性、系统性、整体性已严重受损，曾作为中国社会主体的乡土村落正经历巨变。但无论如何，村落依然是中国传统文化的重要承载地，农民是绝不可轻忽的文化传承主体。当代学者的一项重要使命就是关注村落，将村落中的人、事、文化传统与生活现状等视为一个整体，通过深描村落社会运行的逻辑，阐释村民的生活世界及其赋予生活的意义之所在，并在此基础上对其组织形态、机制及变迁予以描述与推导，这对于理解中国乡村文化传承乃至整个中国社会大有裨益。我们深知：梳理中国村落的历史来路，叩问其从何而来；展示由形形色色民俗事象所构成的村落人文世界，理解现状与内在脉络；观察村落在现代化进程中的遭遇与新创，关注其向何处去——这应该成为村落研究介入当代中国社会发展、彰显乡村文化茁壮活力的基本向度。

一、中国村落研究传统

生于乡土，终老乡土，曾在漫长岁月中被绝大多数国民视若天经地义，这一社会事实本身即足以显示村落的意义。我们相信，“在村落中研究”（格尔兹语）的学术实践，在当今“世界史”“全球史”风起云涌之际，不仅没有过时，而且不可或缺。毕竟，无论是重述“亚洲”，还是重述“世界”，我们仍要以乡土中国为立足点。

传统意义上的村落，自有其历史渊源与发育过程。村落社会的组织与运行，离不开稳定的民俗传统的传承。民俗传统既具有群体规约性质，又能为民众提供身份认同与人生意义，因而蕴含生机，常在常新。村落之为“问题”，乃是19世纪末20世纪初，一批知识分子基于晚清社会之变局“眼光向下”的产物：一方面，受西方入侵影响，新的生产方式与经济结构已日益内嵌于中国基层社会，传统时代城乡互动的社会运行模式被打破，作为中国乡土社会基本单元的村落日渐萎缩，成为当时中国社会整体发展失衡状况的表征之一；另一方面，以“西学东渐”为背景而形成的革命性、现代性强势话语，逐渐渗入乡土社会，持续改写着村落发展的内在逻辑，造成了民间自治传统的失衡或断裂。① 以此为背景，乡土社会成为当时知识精英普遍关注与“拯救”的对象，村落则成为中国现代学术研究的重要单元。

诚然，学术活动不能没有研究单元的设计。20世纪上半叶，以费孝通、林耀华等为代表的中国学者，就注意选择村落或村寨为研究单元，并在其学术生涯中长期坚持，认为村落既是便利研究者做全面了解的较小的社会单位，又是反映人们社会生活的比较完整的切片。② 其中奥秘，恰如英国人类学家布朗所强调的，对于一个村庄进行细致入微的研究的意义在于——既要看到村落社区生活的某一个方面在整体的社会生活中的功能，也要看到这个村落本身的组成结构。③ 钟敬文在1983年中国民俗学会成立的讲话中，将“搞民俗学当然着重在广大农村”当作不言而喻的前提④，后又在不同场合多次表述，获得了国内民俗学界的广泛响应，乃至成为经典范式。20世纪90年代初，刘铁梁从民俗传承生活空间的角度，论述了村落作为基本研究

---

① 参见张士闪：《“顺水推舟”：当代中国新型城镇化建设不应忘却乡土本位》，载《民俗研究》2014年第1期。

② 参见费孝通：《江村经济——中国农民的生活》，商务印书馆2001年版，第24页。

③ 转引自赵旭东：《权力与公正——乡土社会的纠纷解决与权威多元》，天津古籍出版社2003年版，第10页。

④ 参见钟敬文：《民俗学的历史问题和今后的工作》，载《钟敬文自选集》，首都师范大学出版社2008年版，第409页。

单位的意义，明确了村落研究在民俗学学科中的理论地位。[①] 时至今日，以村落为单元进行研究的学者仍为数众多，跨越民俗学、人类学、社会学、历史学、民族学、艺术学等学科。诚然，在国土广袤的中国，无论从事怎样的课题研究，从相对自成体系而又较小的村落生活共同体入手，自有其合理性，而且有望产生深厚的学术理论意义。更何况，村落研究还被赋予认知历史、立足当下、面向未来的重要使命。村落形态尽管一直处于或微或巨的变化之中，但它所塑造的文化模式与传统，在可预见的未来中国仍具重要价值，乃是不争的事实。

但与此同时，对于以村落为研究单元的批评一直不绝于耳。美国学者施坚雅的批评可谓尖锐："研究中国社会的人类学著作，由于几乎把注意力完全集中于村庄，除了很少的例外，都歪曲了农村社会结构的实际。如果可以说农民是生活在一个自给自足的社会中，那么这个社会不是村庄而是基层市场社区。"[②]在施坚雅的"市场圈"理论之后，又陆续出现了祭祀圈、婚姻圈、联村组织等研究范式，对村落研究模式予以拓展，努力将村落单元置于更大范围的区域社会脉络中予以理解。毕竟，村落社会并非村民的简单集合，村民生活也并非只与村落有关。自古及今，村民与村外世界联系的普遍性是无可置疑的。[③]

围绕村落作为研究单元的种种争论，有相当多的误解在内。比如：对于村落生活共同体的基本理解，是被动、静态，还是动态、开放？争论双方其实是基于不同的预设。村落研究，如果将村落理解为动态、开放的社区，就应该成为从村落出发的研究，以小见大地拓展个案研究的价值，而那种从较大区域展开的研究，如果将村落理解为被动、静态的社区，也不见得就一定贴

① 参见刘铁梁：《村落——民俗传承的生活空间》，载《北京师范大学学报（社会科学版）》1996 年第 6 期。最近，他对此作了更明确的表述："村落被民俗学者视为田野调查的最佳场域，也是最基本的空间单位……民俗学把村落作为一个整体的小社会进行观察和分析。在村落中观察到的民俗文化事象，具有时空的限制意义。"（刘铁梁：《"深描"中国村落文化变迁》，载 2017 年 7 月 10 日《中国社会科学报》）

② ［美］施坚雅（G. William Skinner）：《中国农村的市场和社会结构》，史建云、徐秀丽译，中国社会科学出版社 1998 年版，第 40 页。

③ 即使在前现代化时期，村落本身也不可能像老子所说的"鸡犬之声相闻，民至老死不相往来"，如多村共用一庙、信仰仪式的村落轮值等。当代学界热衷于以"古村落""传统村落"等为研究对象，频繁使用"原生态""原汁原味""本真性"等概念，其实都是以将封闭自足视作村落的"典型"状态为预设的。

近了"农村社会结构的实际"。其中的关键,是对于乡村社区与村民主体之间互动关系的理解,而不在于所选择的研究单元的大与小。即便是规模不大的村落,毕竟也是民众多种力量共存的、活态的生活共同体。其实,在中国乡土社会研究中,真正让人遗憾的是对于村民主体性的轻忽或漠视,这是在上述研究模式中一直未能得到根本改变的死角。

二、村落研究,应聚焦民众主体

绝大多数的村落研究,往往将民众的文化笼统地归于"民俗",似乎民众的文化生命是以"民俗传承"来丈量或维系的。厘清民众与民俗的关系,将有助于拨开笼罩在村落研究中的多重迷雾。民俗,究竟是民众自发的文化创造,还是基于"一二人倡之,千百人和之"的精英引领,抑或不过是国家大一统进程中"礼化为俗"的结果?细究之,上述三种观点虽都不免以偏概全,却也都道出了民俗的某一要义。若将三者统观,庶有助于对"民俗"乃至村落的理解。

首先,民俗的本质是民众主体的文化创造,自无可置疑。民俗传统,即民众在长期生活实践中,以约定俗成的方式促使某种价值规范发生从世俗到超验的升华过程。值得注意的是,这一升华过程绝不是一朝一夕所能成就,也并非一成不变,而是在民众生活共同体内部始终蕴含着多变的可能,呈现出活态性质。同时,再有力的国家行政运作,也无法随意篡改民俗传统或改变村落社会的民众主体性质。近年来对于当代村落的近距离观察,使我们更加确信:在当下新型城镇化的浪潮中,民俗传统不仅没有遁隐,而且变得更富弹性与多元。时至今日,某些村落的发展轨迹时显诡异,其"突然终结"与"奇迹再生"之现象让人大感迷惑。究其实,民众力量在社会剧变中的屈抑与释放当是理解这一现象的重要维度。

其次,自古以来,民俗的形成与发展均离不开知识精英的引领作用。我们在田野作业中发现,很多民俗传统一开始是作为事件应激之文化反应而出现的,如村落形成之初的生存所需、灾乱年头的秩序维持、太平时期的发展机遇捕捉等。这种因应激而形成的文化反应,不会随着事件的完结而迅即消失,而是沉淀、扩散到地方生活中,形成社会经验,此后又会在后发的事

件应激中被运用，最终磨合成一种社会行为模式。在应激事件、应激性文化反应与社会行为模式的互动过程中，离不开少数文化精英的有意识运作，并最终使之沉淀为乡土民俗。恰如“民俗”之作为现代学术概念，也是伴随着现代城市化的发展进程而为知识精英所发明并设置意义的。正像铃木正崇所说：“直到近代，‘民俗’与‘传统’在消灭和生成的间隙中得以发现。”①不过，少数知识精英的引领作用，从来是与其“适于时而合于势”的行为选择密切相关的。兹以地方志书中的灾荒记录为例予以简单说明。地方志书中总是凸显地方精英的非凡作用，比如为减税急赈而为民请命、订约立碑以控制社会秩序等，而将一方民众作为背景因素，至多以“民不聊生”“饥民四起”等语大略言之。这显然并非社会事实。实际上，精英的行为往往是受地方社会情势所激，其对于当时国家政治态势的估测，与对于地方民众心理的揣度，为其行为选择提供了关键性依据。但作为地方社会情势重要构成因素的民众，却在地方志书中被大大忽视了。

再次，中国很早以来就已形成所谓的“礼俗社会”，传统中国作为一个复杂社会系统，在民间生活与国家政治之间有着复杂而深厚的同生共存关系。纵观一部中华文明传承发展史，国家意识形态经常借助对民俗活动的渗透而在乡村生活中贯彻落实，形成“礼”向“俗”落实、“俗”又涵养“礼”的礼俗互动的政治框架。礼俗互动，既包括民众向国家寻求文化认同并阐释自身生活，也体现为国家向民众提供认同符号与归属路径。换言之，借助民俗文化的生机跃动，民间社会始终发挥着对于主流文化的葆育能力。以此为基础，在中国社会悠久历史进程中的“礼俗互动”，就起到了维系“国家大一统”与地方社会发展之间平衡的作用。② 国家政治与民间自治之间的互动关系，不仅形塑着社会组织的基本形式，也由此产生了社会生活层面的文化交织现象：“国家对村落的政治干预与民间自治之间有长期互动的历史，结果是形成了今天（家族村落）聚落联合体的基本组织形式。”③以此理解中国大地上的众多村落，庶有较通观的眼光。

---

① [日]铃木正崇：《日本民俗学的现状与课题》，赵晖译，载王晓葵、何彬编：《现代日本民俗学的理论与方法》，学苑出版社 2010 年版，第 3 页。

② 参见张士闪：《礼俗互动与中国社会研究》，载《民俗研究》2016 年第 6 期。

③ 刘铁梁：《传统乡村社会中家庭的权益与地位——黄浦江沿岸村落民俗的调查》，载《北京师范大学学报（社会科学版）》2001 年第 6 期。

三、村民口述的意义

走进村落，不仅要关注“民生”，而且要体察“民心”，感受民众生活史与心态史的双重意义。面对民众的生活与文化，传统的学术工具似乎不那么灵光了。

比如，我们在村落调查中，经常有各种各样的困惑。为什么历史上的某一事件，会频繁地被村民表述，还被表述者加上了许多的发明和创造？不仅如此，看起来离“真相”越来越远的表述，反倒经常成为后人的话题中心，并在现世生活的裹挟下发生效用，而事件本身（即所谓“真相”）倒不见得重要了。还有，为什么是历史上的这一事件而不是另一事件，频繁地被这一地方而不是另一地方的人不断关注，并“折腾”出了这样的而不是别样的传统？有果必有因，有事必有人，民间自有其文化选择与传承的机制——没有关注，就不会有表述；没有关注和表述，就不会有传统的发明和创造。

显然，前者关注的是一种文化传承的线性历史，后者则关注其内在结构逻辑，耶鲁大学教授萧凤霞试图以“结构过程”①涵括二者。要想真正地解惑答疑，就必须在具体的区域社会空间中将二者结合起来，关注某一传统从过去到现在的建构过程与多元指向，并特别聚焦其主体表述。这一研究模式的策略是，一种传统在不同时代留下的表述有或微或巨之别，而就在种种表述的同异之中，蕴含着区域社会发展的历史脉络与内在逻辑。因此，我们的工作首先是挖掘各种表述，然后在各种表述之间寻找关联，总结民间叙事的特征，并在此基础上还原“社会事实”，建构逻辑关系。鉴于历史上官方、知识精英与民众的互动情形驳杂不一，我们今天所见的“传统”基本上都已经历过无数次改写，只是我们难以知情罢了，因此必须保持足够的警觉。这也意味着，我们在关注传统的线性历史脉络的同时，要特别关注地方社会中人的创造能力及创造逻辑。

用这样的眼光看，民间口述材料中所谓的“随意性”，不但不应是拒绝采信的理由，反倒要视为民间叙事乃至地方生活的应有特征，为我们解读历史

---

① 萧凤霞：《廿载华南研究之旅》，载《清华社会学评论》2001年第1期。

提供了一种相对稳实可靠的地方逻辑。一个人(当然也包括多人)对于同一事件的不同表述,既可以是基于生活状态与交流情境不同而形成的差异,也可能是他对事件表述的不同侧面的选择,还可能是他自身"觉昨非而今是"而有所改变的结果。叙事者,既是能动的个体,又会受到国家历史进程与地方社会发展格局的影响。更重要的是,国家历史进程与地方社会发展并不是作为人类个体活动的静态背景而存在的,而是通过无数个体的能动性活动才得以实现的。个体与群体的叙事及其他行为,对于地方社会发展与国家历史进程的推动作用,至今尚难以准确估测,但在它们之间存在着至为复杂的关联与互动关系,则毫无疑问。因此,民间叙事基于村落生活而呈现出的所谓"随意性",不但不是田野研究的绊脚石,反倒蕴含着学术进步的契机,因为这是理解村民的历史观、价值观的必由之径。

村落中的民间叙事,还会努力保持与地方志、族谱、文人著述等文字传统的一致性。比如,它们都倾向于将本地区的历史与文明传统演绎得悠久古老,竭力与上古圣贤、神灵怪异建立关联,以贴近"人杰地灵"的叙事逻辑。显然,地方社会一直在不断地重新定义和建构自身传统的神圣与伟大,只不过官方和文人的叙事多以县境为单元,村民则多以村境为指向,官民之间经常发生的"文化合谋"即在此背景下展开。这与现代婚礼上对于恋人"缘分"的演绎,电视选秀者对其生平际遇的"赋值"等现象,如出一辙。其中的关键是如何建构叙事的合理性,以感染受众,并挟以自重。由此可知,执着于对民间叙事证实或辨伪的学者,既难以理解历史,也不能洞悉民众智慧。

村落研究,是不能不将历史学与民俗学、人类学的研究方法加以综合运用的。就村落史研究的学科传统而言,历史学追求历史真相,其研究注重证实或辨伪,而民俗学、人类学则关注民众如何记忆历史,以及为什么这样记忆历史。村民的历史记忆可以是虚构的、附会的、可改变的,因为它指向的是意义。比如,在山东各地的移民传说中,潍水以西大都说是来自山西洪洞大槐树(有的强调是由河北枣强中转而来),潍水以东的胶东半岛则普遍流传着"小云南移民"的说法。虽然众口一词言之凿凿,但在历史上不可能村村如此。然而,人们还是将传说演绎为一种显赫话语,争相讲述、争论与传播。在争来说去之间,这一传说就被广阔地域的人们演绎为一种有意义的历史记忆,衍生出文化认同、精神安顿等现实意义。克拉克认为:"人类学者

一向比社会学者和历史学者对于历史意义的重要性更为敏感。和'什么事实际上发生过'同样重要的，是'人们以为发生过什么样的事'，以及他们视它有多么重要的。"①真正的村落研究，不仅是在为包括历史学在内的多种学科提供民众口述资料，其实还有更为重大的使命，就是挖掘和呈现民众生活实践中的文化创造及其价值建构。遗憾的是，后者至今仍为包括民俗学者在内的众多学人所轻忽。

四、以学者与村民合作的民俗志书写方式，推进当代村落研究

近年来学界劲吹"田野风"，进入村落成为时尚。特别是有老建筑遗存的古村，学人更是纷至沓来。热衷于进村者，并非都出于对村落价值的珍视与对村落发展的关怀，但对村落的影响却是强大而持续的。在这一切的背后，是国家战略聚焦乡村，社会资本涌入乡村，乡村成为当代社会的"宝地"。

历史告诉我们，乡村社会的良好发展是国家长治久安的基础。不过，在此时此刻，如下追问也许并非多余：我们真正了解我们匆遽进入的乡村吗？我们所理解的、要保护的乡村文化生态是自然真实且可持续的吗？我们的意愿也是生于斯长于斯的众多父老乡亲的愿望吗？这方水土会因我们的进入而更加美好吗？须知，在"现代化发展"这一庞然大物面前，乡村自然与人文生态系统是何等脆弱，而乡村所积淀的传统智慧对于人类未来发展则弥足珍贵，任何人、任何力量都无权损之毁之。广阔的农村天地首先需要被准确认知，然后才有可能"大有作为"。面对村落，如何才能更好地认知、更深入地理解与更准确地描述呢？

就本套丛书的众多作者而论，虽然早先在博士、硕士学位论文的写作过程中，已对村落有相当了解，但受到学位论文写作时间的限制与研究能力的制约，其村落民俗志描述少有村民的内部视角。我们期望在这套丛书的写作中，通过学者与村民的深度合作，尽量多地呈现二者的不同视角，尽

① [美]克拉克(Samuel Clark)：《历史人类学、历史社会学与近代欧洲的形成》，贾士蘅译，载[加]玛丽莲·西佛曼、P. H. 格里福编：《走进历史田野——历史人类学的爱尔兰史个案研究》，(台北)麦田出版股份有限公司1999年版，第386页。

量多地留存鲜活的乡土气息。

1.对于村民的内部知识，不妄加评论，而采用现象描述的方式，呈现真实的民众心态。

初入田野者，最常见的毛病便是盲从自己的知识"先见"，乍见村落种种现象，就匆匆忙忙做类型区分和价值判断。比如，对于村民信仰活动，或要评判是否迷信，或要区分是道教还是佛教。这样的知识"先见"，其实是基于对中国社会的肤浅理解。看似荒诞不经的言行，往往背后蕴含着民众的真实心态，是解读村落心史的难得资料。本套丛书中《胡集村》一书的作者王加华，曾携初稿进村交流。村民以当地说书前惯用的几段开场白[①]为证据，坚持认为本村起源于春秋时期，已有2000多年历史。这一说法无疑是非历史的，却正反映了村民希望将本村历史拉长与神圣化的真实心态。作者最终定稿时，对此就没有予以简单地抹杀或揶揄，而是在列举地方志书中的"明初立村说"之后，呈现村民的"春秋立村说"及其依据，同时保留村民的其他说法，这无疑是确当的。

当然，在学者与村民的交流中，也会有村民揣摩学者意图而对村落内部知识加以改装，往学者这边贴靠。这既与现实生活中学者话语的强势地位有关，也表现出村民对外来话语(包括学者)的利用心态，后者尤其值得注意。一些有见识的村民，一旦察觉到学者话语有助于所在村落的"增值"，往往就会抛弃己见，欣然赞同学者的说法，甚至热心地帮助寻找证据。虽然这也是村落知识增长的一种方式，但目前却还处于不稳定状态，需要将之与村落中比较稳定的知识范畴相比照，否则，我们对村落的理解就不免浮光掠影。

2.丛书最后特设专章"村里的人　村里的事"，附录"重要民俗资料提供者简介"与村民所用文献，以凸显村民的主体叙事视角。

"村里的人　村里的事"专章的设计，意在以词条单列的方式，突破传统村落民俗志书写的静态幻象，在以事带人的生动描述中展现村落中的特

① 胡集书会汇聚南北说书人，常用的开场白有："道德三皇五帝，功名夏后商周，五霸七雄闹春秋，顷刻兴亡过手。""孔夫子周游列国，子路沿门教化。柳敬亭舌战群贼，苏季子说合天下。周姬佗传流后世，古今学演教化。""扇子一把抡枪刺棒，周庄王指点于俠。三臣五亮共一家，万朵桃花一树生下。何必左携右搭。"

色文化。要想做到这一点并不容易。如张士闪和张帅在完成《洼子村》一书初稿后，曾专门回村细读给7位老人听，在热烈的讨论交流中，重新审视或矫正书中的原有观点。有村民尖锐地提出，原书稿过于突出巫婆神汉、善人及其信仰活动①，应该为本村烈士、支前英雄"树碑立传"，突出"教师村"的形象，并提供了相关资料。我们据此进行调整，新增"教师村""红色记忆"两个词条，与原有的"公事总理""礼仪人家""善人"等并置相映，就明显合理多了。这一修改书稿的过程，其实是学者与村民的两种叙事风格的并置与互动的过程，由此形成的村落民俗志自然会较前丰厚许多。

重要的民俗资料提供者，通常属于村民心目中"会看事""会办事""会说话"的人，经常代表村民向外人表述"村落文化"，其话语当然也会经过其自身的选择、加工而具有个人色彩。我们需要进一步观察，大多数村民会认同他作为村落文化代言人的角色吗？不善于对外人表述的大多数村民，如何评价他的话语？学者的到访，是促成了村民对其话语的接受还是相反？这些都需要格外留心。书后所附"重要民俗资料提供者简介"，意在呈现其个人基本信息，供读者进一步了解与思考。

书后所附的村民文献，与学者所撰写的正文文本形成有趣对比。学者与村民之间，注意点不同，知识储备、思想局限有别，而对村民村事的价值预设也差异明显。比如，围绕同一个村落的民俗志表达，学者所感兴趣的是如何呈现其所理解的"村落"，往往是看了地方志、地图、家谱、碑记等以后，再去跟村民交流，有时候还会事先阅读相关论著。当今学者还会特别看重祠堂、庙宇、信仰仪式、巫婆神汉等，认为这代表了地方文化生态的完整性。对于村民而言，村落则是他们身在其中、终身归属的"家园"。曾记得在2002年，洼子村的几位村落精英接受村委会布置的一项任务，要向外来民俗专家介绍村落文化，他们将之分解成"村志""民俗概况""文化教育概览"三部分，分别撰文描述。显然，他们将"村落文化"理解为历史、民俗与"高层"文化（并视为本村的特色文化）等三大层面，这一分类颇有见地，对于我们今天理解村落及民众心态仍具启发性。

长久以来，中国乡村社会经过反复的礼俗教化，形成了基于农耕经济

① 张笃杰："看了这书，外人还以为洼子村就知道整天烧香拜佛呢！"张笃杰，山东省淄博市淄川区罗村镇洼子村人，长期担任中小学教师、校长，现退休在家。

的社区共享传统，它以乡村公共利益的高度共享来实现乡土社会秩序的长期稳定，以社区节庆、生活礼仪、生产互助、乡规民约、信仰仪式等民俗传统为传承载体，构建起中华文明绵延不断的社会基础，也是支撑当代中国乡村可持续发展的重要文化资源。当代学者应服务当下中国社会发展的现实需求，扎根村落，深入传统，以此为基础提炼研究方法与理论，建构田野研究的中国话语。我们这套丛书愿意在这一学术方向上进行尝试，抛砖引玉。

最后还要说明的是，这套丛书写作时间正值暑期，尽管各位作者都有博士、硕士学位论文的研究基础，但因丛书定位所强调的视角转换，需要大量的补充调查，有的干脆是返工重做。今夏大热，感谢各位作者不避酷暑，按时完成撰写任务。因时间匆遽，本套丛书不尽如人意之处，敬请读者诸君批评指正。

张士闪

2017 年 8 月 31 日

前言

2002年10月25日，我陪民俗学者叶涛、姜波到洼子村调查。从济南火车站乘坐长途汽车前往，约有100公里的行程。车窗外不断变幻着绿树—麦田—绿树，间或有平房或楼房，远处是馒头一样线条柔缓的小山。用了两小时略多的时间，地势低洼、杂树与房舍相伴的洼子村浮现在眼前。村委会特意安排我们看了一个"洼子村书画展"，并听张笃学、张笃俊、张宏浩三位德高望重的老人介绍村里的风俗，还在我们的一再请求下找来张世杰老人唱"酸曲"（情歌）。印象很深的是，介绍村里风俗的三位老人都事先写好了发言稿，即张笃学《淄博市淄川区罗村镇洼子村村志》、张笃俊《淄博市洼子村之民俗概况》、张宏浩《淄博市洼子村之文化教育概览》，他们在现场读给我们听，一字一句读得那么认真，头都没抬一下。

那时候，我刚入学北京师范大学不久，正考虑民俗学博士论文选题，此行是请两位专家帮助斟酌选择田野点。现在想来，当年洼子村三位文化精英，在接到村委会布置的为外来专家介绍村里"风俗"的任务后，就将之分解为"村志""民俗""文化教育"三部分，这中间他们经过了怎样的磋商？我不知道。显然，他们首先是将"风俗"理解为活态的村落文化，并认为村志、民俗与文化教育是其结构主体。如果说，"村志""民俗"是相对自足的村落"小传统"，那么"文化教育"则是国家大一统进程中，以教化的方式对于民众日常生活的持续渗透与影响。他们对于村里"风俗"的这一理解，是多么智慧！

在一般人看来，洼子村是个很普通的村落，似乎没有任何特别之处。过去，村民长期以"三十亩地一头牛，老婆孩子热炕头"为理想，以小农家户为单元过日子；如今，这一传统村落中散发着一种相互竞争的氛围，而且这种竞争往往简单地指向几种可视化的物质攀比。与此同时，村落对外部世界

的经济依赖、文化依赖日益增强，甚至只是虚拟中的网络信息依赖，村内数量庞大的“网迷”“电视迷”便是明证。进村后，“旧村”与“新村”并存的二元格局很是清晰：“旧村”，一片矮房旧院；“新村”，连排高楼耸立。这其实是传统的村落生活共同体正在经历当代裂变的表征。不过我们也注意到，乡村社会愈是发生急剧变化之时，村民追溯村落历史传统、寻找乡土文化认同的心理愈显强烈。这可能正是洼子村人平时喜欢拉呱（闲谈），凡事讲究“老礼”，逢年过节热衷集体仪式的真正原因吧。

显然，洼子村已经不再是传统意义上的农村，村民早已告别“靠天吃饭”的传统农耕生活方式，有了更多的闲暇时间与多元的文化选择。特别是年纪较大的村民，可以“随心所欲不逾矩”地安排自己的生活。2017 年 7 月上旬，当我们为了完善本书而向村里七位老人请教时，他们不仅提出了诸多中肯意见，还鼓励我们在完成本书后再写一本《洼子村村志》。给我留下深刻印象的是，他们很珍惜与学者交流的机会，在整个交流过程中充满激情。他们计划在 9 月下旬举办“庆国庆，迎十九大——洼子村首届传统艺术展演”，包括一个书画展、一台大戏、一次民间工艺展、一本画册、一本书所谓“五个一”的活动，而且马上就着手操持。没过几天，我就接到“洼子村首届传统艺术展演”筹委会主任张笃杰的电话，他说书画展已经布置下去，一台大戏也开始排练了，村民个个精神昂扬。我由此感受到，置身于现代化、全球化语境之中的乡村，正在焕发其内在活力，村民通过传承、挖掘本土文化传统的特殊魅力，正在尝试构建一种适合自己的“田园生活”，如蚕之破茧，蛹之化蝶。

我们知道，虽然洼子村人对本乡本土的这份热爱与面向未来发展的规划热情，并非当代乡村社会的普遍现象，但我们还是由衷地感到高兴，认为这代表了当代村落社区发展的方向。唯愿这本小书的出版，能为这个淄东古村的当下生活立此存照。如果有洼子村人乐于捧读，并在其记忆历史、咂味生活、奔向未来的过程中有所助益，我们则大喜过望。

心头回味着村民精彩的拉呱故事，耳边萦绕着山村特有的民歌小调，期盼着洼子村人的国庆锣鼓铿锵敲响。我们很快又要回到这片民俗文化的沃土。

张士闪

2017 年 9 月

山东省地图
德州市
滨州市
东营市
烟台市
威海市
淄博市
济南市
潍坊市
聊城市
泰安市
莱芜市
青岛市
济宁市
菏泽市
日照市
临沂市
枣庄市
图 例
省行政中心
设区市行政中心
省界
未定省界
设区市界
比例尺 1:4 000 000
审图号：鲁SG(2017)098号
山东省国土资源厅 山东省测绘地理信息局监制 山东省地图院编制

洼子村地理位置示意图

目录

第一章
远近闻名"文化村"

洼子村隶属山东省淄博市淄川区罗村镇,距淄博市中心张店区约 15 公里,距淄川县城约 13 公里,距罗村镇中心约 2 公里。地处鲁中山区,村东是方圆十几公里的丘陵地貌,与青州市接壤,该村耕地大都集中于此。村西地势相对平坦,锦川河由南向北沿村西而过,又被村民称作"西河",如今早已干涸。村北干涸多年的另一河道是洼子村与其北邻南韩村的分界,俗称"北沟"。村南是淄博通青州的故道,与河东村崖头隔路相望,俗称"南沟"。

据传洼子村在元朝至正年间立村,村民动辄讲究"老礼",常以"文化村"自居。镇政府所在地罗村,是这一带的政治中心,也是方圆 5 公里内唯一的集市(农历每月逢五、逢十)所在地。在洼子村人看来,本村拥有悠久的历史和礼仪传统,应该算是当地的文化中心。平常,村民津津乐道于本村周边地区的诸多历史掌故、风物传说、奇人异事,认为所涉及的人或事曾在历代王朝变迁之际扮演过重要角色,有的还牵涉神鬼、祖先、仙怪、精灵之类。村民对此很是熟悉,能将故事讲得活灵活现,历历可证。

一、上山种地，下井挖煤

（一）淄东古村

具体说来，洼子村地处鲁中山区丘陵与平原的交界地带，所属淄川区位于淄博盆地中部，南邻博山区，西接章丘市，北与周村、张店、临淄三区相连，东傍青州市，东南与临朐、沂源两县接壤。淄川区地处东经117°41′～118°14″，北纬36°22′～36°45′。东西长49公里，南北宽42公里，总面积999.065平方公里，其东侧、东南侧、西南侧为中低山区，局部为山间洼地及河谷地形，北部、西北部则逐渐过渡到低山、丘陵及平原。地形分为平原、丘陵、山区三类，全区山丘起伏连绵，纵横交错，共有大小山头1945个，其中海拔800米以上的有17个，500～800米的有499个，300～500米的有623个，其余的均在300米以下。境内自东向西有4条过境河流，皆属小清河水系，发源于泰沂山区北坡中低山区，由南向北汇入小清河。淄川区境内河流为山溪性河流，地表水与地下水相互补给及转化较为频繁，因此河道延续时间较长，水量较大。后来，因矿业用水及工农业用水大量增加，加之山区水土流失，泉水大都干涸，河道径流减少。

淄川区总面积149.9万亩（约999.33平方公里），其中：耕地35万亩（约233.33平方公里），仅占总面积的23.36%；林地23.6万亩（约157.33平方公里），占总面积的15.77%；未利用土地42.2万亩（约281.33平方公里），占总面积的28.15%。区内地貌类型多样，为发展农业和各种经济作物提供了有利条件，主要种植小麦、玉米、谷子、大豆、高粱、地瓜等。长久以来，人们视小麦（面粉）为细粮，玉米、高粱、地瓜等为粗粮。淄川区矿产资源丰富，伴生、共生矿多，矿产资源组合好，煤炭、耐火材料、紫砂、陶土、铝土矿、石灰石、铁矿石、石英等储量大，分布广。煤炭可采储量为1500万吨，耐火黏土储量为841万吨，页岩质红黏土（紫砂）储量为1000万吨，花岗岩储量为1000万吨，石灰石储量为2万亿吨，铁矿石储量为60万吨，石英砂储量为1500万吨。

淄川之地，历史悠久，文化积淀丰厚。淄川古称“般阳”，这与流经域内的般水有关。据1920年编纂的《三续淄川县志》载：

般水，一名“峪头河”，县南十八里，邑名般阳，以此流经龙口庄勇泉寺前，会本庄诸泉，冬则东温西凉，夏则东凉西温，呼为“温凉”二河。抵城东南窑头庄，筑坝障水，一支达南门外，一支由东门外北注，又经北门外俱入孝妇河，环城皆水，颇称奇胜焉。①

此地在夏商时期为青州之域，秦属齐郡。西汉景帝二年(前155年)建般阳县，已有7000人左右的规模，后王莽改制为济南亭，东汉复称般阳县。南朝元嘉五年(428年)为贝邱县。隋朝开皇十八年(598年)为淄川县，唐初置淄川郡。宋置淄川郡，属京东东路。元设般阳路，治所在淄川城。明初设般阳府，洪武九年(1376年)升淄川县为淄川州，洪武十年(1377年)又改为淄川县，属济南府。清沿明制。辛亥革命后，废府设道，淄川县属济南道。1928年撤道，1931年县辖10路改为9区。1948年3月，淄川县全境解放，辖11个区。1955年4月，淄川县制撤销，原县境内建立杨寨、洪山、昆仑3区。1956年2月，撤销昆仑、杨寨两区，设淄川区。1958年4月，洪山区撤销，归淄川区。

洼子村西入口处的牌坊

(二)历史记忆

据村民说，洼子村建村时间为元朝至正年间，距今已有700多年历史，当

① 清乾隆《淄川县志》卷一《舆地志》，1920年石印本。

时户数、人口都很少。不过，在村里流传更广的，是先祖在明初大槐树移民的传说，并以光绪年间《张氏世谱》中洪武年间先祖“枣强迁淄”的记载为证：

> 河以东，古仙岩庄也；河以西，古聂家庄也。[①] 河为时水之一，两庄不知昉何代而易其名，地之相去也里余耳。史氏谓，洪武之世，山左徙民最多。据茔碑所记载，先祖父由枣强、南皮诸县迁居而来之始，度地相宅，聚族于斯而家焉。余族中父老子弟，虽析离散处于两地，而赴急难，通有无，嫁娶凶丧，扶持亲睦无间然。即岁时伏腊、春秋拜祀之暇，聚首燕乐，绰有古风。自前明治平三百年，户口浸繁……（《修世谱序》，光绪二十九年岁次癸卯孟夏十六世孙履端谨识）
>
> 先祖父之聚族于淄也，未能确指为何年。据凹子庄旁西茔、北茔墓碑，所载多明季时日。鲁家庄西河岸上茔，逮于清朝乾隆初始置碑焉。故族老传闻，始祖自洪武中迁居来此，非臆说无稽也。（《族谱序》，光绪二十九年岁次癸卯孟夏履端谨识）
>
> 始祖自枣强迁淄，卜居于仙人乡张家庄，即今之洼子庄也……光绪壬寅春，吾族共议汇谱，却憾始祖无征。幸镜轩兄家藏世系图一幅，所载一世祖在勋、二世缘志等祖下七支备载，世次与碑符合。虽四世祖名字无稽，而自始祖至三世得知其略，实千古难期之遇，亦为吾族意外之望，故曰天成之也。（《族谱序》，光绪二十九年岁次癸卯孟夏十七世孙殿惠谨识）

洼子村村名几经更易，至少用过凹子庄、张家庄、仙岩庄、洼子庄等名。据洼子村人说，先祖当初选址立村时，因此地三面环沟，中间平凹，遂名“凹子庄”，后“凹”字演变为“洼”，在清代所修《淄川县志》中有“仙岩庄即凹子”的记载。明初张氏家族自河北枣强迁此，分居洼子村、聂村两处，两村张家人在清朝光绪年间依然来往密切。《张氏世谱》还提到，远祖张在勋迁来定居后，生有二子张福缘、张福志，二人去世后分别葬在西茔和北茔，由此形成了洼子村张氏家族的“西茔支”“北茔支”两大家支。

一村之内，如何会有“元朝至正年间立村”和“明朝洪武枣强移民”的不

---

① “河”当指流经洼子村西的锦川河；“聂家庄”即现在的聂村，同属罗村镇，与洼子村东西相邻，距离约1.5公里，村中有多户张姓人家。谱中所说“地之相去也里余耳”，说的是两村耕地之间的距离。

同说法？村民张笃学自有一套说辞，认为两者并不矛盾——张姓并非是本村最早居民，始祖张在勋明初从冀州枣强迁来时，这一带已有董、咸、马三家"坐地户"[1]，并有一段顺口溜为证——"张王李赵马刘陈，臧家咸家挨着门；董家门上独一丁，还有一家孙成银。"张笃学认为，这反映的就是明朝中叶洼子村的情形。清光绪二十九年(1903年)，洼子村张家第一次修家谱，新添了三十二代辈分用字——"世笃允贞，善庆书同；谦慎广益，瑞兆升恒；上延儒泽，用佩嘉铭；恪遵彝训，光显于廷"[2]。这也表明，本村历史上可能未曾有过功名显赫的人物。

从东部丘陵俯瞰洼子村

(三)农耕生活

洼子村土地贫瘠，除村西、村北有少量地块较为平整以外，村东100多个地块都在山丘之上，面积小，质量差，洼子村被认为是这一带的"穷村"。按照2006年的统计，该村共有526户、1779人[3]，土地面积约47公顷，人均耕地约0.03公顷，另有部分山地。20世纪50年代农业合作化时期，整出的最

① 目前，董、咸二姓尚有少量户数，马家已无人定居村内。

② 洼子村《张氏世谱·张氏族谱序》。

③ 根据洼子村村委委员张笃沼提供的人口统计数据，可以看出近年来该村人口的稳定性：1992年，1783人；2005年，1773人；2012年，1778人。

大地块是村东北的“桑行子”，约有 0.86 公顷，因早先是几处桑园而得名。靠天吃饭的村民对土地很有感情，为每一地块都起了名字，如“桑行子”“黄埠顶”“丘窝”“狼山”“狼脖子”“偏坡地”“刀把子”等。村民张笃俊曾将这些地块编成快板书表演，村民听来很是有趣：

洼子土地不算多，地名多得无法说。
一块地，两个名，平顶石屋叫洛坡。
葫芦瓶，崔家峪，山神庙子棉花地。
蓼山黑山棋盘岭，黑峪洛坡黄埠顶。
下边有块偏坡地，因为地形得了名。
仙人桥，红石湾，南边有个夜猫滩。
下边有块水沟地，年久冲成八亩滩。
王家楼，黄板岩，整地整出个银钢滩。
一块大地十三亩，这在俺村拔了尖。
黄埠坡，小埠南，南边就是赵家滩。
要是继续往下说，最少也得说半天。

在洼子村人看来，他们的每一块地都有不少故事。如有一块地名为“阎王鼻子”，北临深沟，坡度险陡，更兼荆棘横生，需小心翼翼地小步挪行才能通过。相传有个外村人，肩挑大缸路经此处，下坡前不小心滑了扁担，一只大缸顺坡滚下，剩余一缸无法运走，懊丧中砸碎完事。一会儿行至沟底，发现先前滑落下去的另一只缸居然完好无损，一气之下又将此缸砸碎，唉声叹气地回了家。

洼子村地处荒僻，林牧业曾是重要生计。村民虽生活贫苦，倒也安定自在。据村里老人回忆说：

在以前，村民们是靠山吃山，那时候人少啊！村里人都种植果树，像苹果树、桃树、李子树之类的，采集蘑菇、桑葚这些山货，杀树[①]卖木头，也有进山狩猎的，但不多。像那孙家，祖上就是打野货的。[②]

直到抗日战争全面爆发，这一带的宁静生活才被打破。日本军队在洼

① 在当地方言中，“杀树”即“砍树”之意。以前，这一带多有野生楸树，生长缓慢，质地坚韧，后因过度砍伐而绝迹。

② 讲述人：张宏浩，男，洼子村人。访谈时间：2005 年 2 月 3 日。

子村与河东村交界的崖头上修建了一处据点，很快就发生了“河东惨案”[①]。尽管日军并未进入洼子村侵扰，但在村民记忆中，那是一段人心惶惶的乱世岁月。部分村民曾有过给日本人做苦工挖战壕的经历。据村民张宏溪回忆说：

(一九)四几年的时候我才十二三岁，他们就带着我去给日本人挖战壕，他们叫“安民壕”，咱们背地里就叫他“害民壕”。一天下来，挣到的馍馍(馒头)还真不少，还是白面馍馍呢，那时候哪能吃到馍馍！咱跟着去，也不大懂，也是年纪小，就是为了能让家里人吃饱饭，也没觉得啥。[②]

赶走了日本军队，洼子村很快就开始“打土豪，分田地”，耕地是按人头分配的，每户还分到了一些财物、用具。1955年，洼子村建立了3个初级合作社(村西、村南、村东)，人口占七成股份，有土地入股的占三成，年底分粮以此为据。1956年春，3个初级社合并成立高级社，此时全村有220户、900多人。再后来乡镇成立了“人民公社”，村庄改为“大队”，本村人张世慎曾担任洼子村大队长、书记。20世纪70年代兴起新农村改造运动，罗村人民公社动用所辖32个大队的劳动力，用四五年的时间修建了水渠，改善了农田水利灌溉条件，还统一规划实施了大规模的整地工程。至少从短期来看，洼子村在这一集体经济时代受益颇大，村边的荒山丘陵被修整出不少土地，原本零碎的小块山地被修整成面积较大的地片，有的还由旱田变成了水浇地。开垦荒山，整修山地，耗时、耗资巨大，村民对此记忆深刻。村东有一块地名为“银钢滩”，“银钢”在当地方言中是指人民币的硬币，意即此地是用钱铺出来的。20世纪50年代末60年代初的三年自然灾害时期，洼子村人虽然生活极度贫困，却并未怨天尤人，社会秩序也未崩溃。据村民陈安英回忆：

60年代那时候，家里穷得揭不开锅，孩子还多，饿得“嗷嗷”地哭，实在是没吃的啊！我和我嫂子就半夜跑到大鬼殿，去偷殿里人家上供的米，回来给孩子们吃。大人可不舍得吃啊。大人就去挖野菜、扒树皮，

① “河东惨案”：1938年1月30日(农历腊月二十九日)凌晨，日军因不满河东村“铁板会”的抗日活动，派遣冈奇部队200多人，在汉奸李德水带领下突袭河东村，屠杀村民276人，焚烧房屋200余间，烧死大牲畜200余头。

② 讲述人：张宏溪，男，洼子村人。访谈时间：2010年8月20日。

一年吃不上一顿饱饭。①

20 世纪 80 年代初，国家实行家庭联产承包责任制，村民开始并不理解。村民王义芳说：

> 那时候全村人不分男女老少一起干，成天成天干，这打的粮食还不够吃；那要是分给个人，一个人管一片，还不得饿死啊！我就有点不大愿意。问了问别人，他们也都有意见。俺那个生产队队长还安抚人，说："这不是国家政策嘛，国家定的咱就得听，先试试吧。要是不行，咱再想办法。"这才不闹了。②

家庭联产承包责任制推行后，洼子村第二年便迎来了大丰收，村民基本解决了温饱问题。此后，为使土地能够持续地增产、高产，村民大量使用化肥、农药，致使山间野菜、野果、昆虫的数量急剧减少，甚至有些品种基本灭绝了。

20 世纪 80 年代后期，洼子村开始寻找致富出路。在罗村镇政府的资金支持下，通过从镇基金会贷款，村里创办了 2 个煤矿、2 个砖瓦厂、1 个石灰厂、1 个制氧厂等村办企业，还有养殖场、苹果园等农业合作社，一度经营得有声有色。但没过几年，邻村纷纷上马同类项目，市场趋于饱和，同行之间开始恶性竞争。与此同时，这一带矿产资源也趋于枯竭。在 1995 年前后，上述村办企业纷纷倒闭，养殖场、苹果园则承包给私人管理。最后一算账，村集体不但没赚到钱，连镇基金会的贷款也没法还上，村民不能分红，直到今天仍然耿耿于怀，众意难平。尤其是因为煤矿的过量开采，使得这一带地下水资源接近枯竭，还导致了较严重的环境污染。

进入 21 世纪，部分村民开始进山采石挖土，为淄博地区众多陶瓷厂、铝厂、水泥厂提供原材料，出现了一些响当当的富户。少数年轻人到外地甚至是国外打工，更多村民则选择在邻近工厂打工，如北邻的南韩水泥厂。有人在本村或本镇做起了各种小生意，如小饭店、超市、熟食流动车、出租车、货运，等等。根据 2015 年统计，洼子村内有小商店 5 家，卫生所 3 家，理发店 2 家，煎饼店 1 家，磨坊 2 家，幼儿园 1 所，烧烤店 1 家，服务性用品店 1 家，炸油条 1 家，卖豆腐干 1 家，做豆腐的 6 家（3 家在本村定点售卖，3 家到外村贩

① 讲述人：陈安英，女，洼子村人。访谈时间：2010 年 8 月 20 日。
② 讲述人：王义芳，女，洼子村人。访谈时间：2010 年 8 月 20 日。

村中大街上，外来的修壶补锅摊

卖）。村中大街上，经常有外来的修壶补锅摊、家庭厨具清洗摊等。作为主要传统生计的上山种地，现在反倒成了由老人、妇女操持，中青年在农忙时节抽空帮忙的“副业”。由于种地的收益太少，而即使是在本镇或邻村打工，每月也能有 1000 元以上的收入，因此很多家庭选择将土地免费转让，安心上班挣钱。时至今日，村民的生活中已经没有明显的农忙、农闲，这一带的工厂也不按国家法定假期放假，而是根据市场自行安排。其制度一般是，每月可以休假 3 天，上班 27 天就算全勤，可以拿到 30 天的全额工资；如果上满 30 天，就可以额外拿到 3 天的加班费。

近年来，国家新农村建设的下拨资金有多种渠道，洼子村在村落基础设施方面进行了一番改头换面，陆续修建了 2 个群众广场，置办了石桌石凳、露天健身器材以及乒乓球桌、篮球架等体育设施，供村里人闲暇时刻消遣时光。2005 年，村委会通过招商引资，吸引某湖北厂商在本村投资建了一个中型陶瓷厂，为村民提供了不少就业岗位。2012 年，村委会又积极筹资，在村东头建起 4 栋四层的居民楼，配备地暖、天然气管道等，许多村民过上了城市社区式的现代生活。

（四）开矿传统

在明嘉靖《淄川县志》中，记有“（明）永乐间割孝妇、怀德二乡属青州府益都县”[①]，对淄川县域生活影响很大。此后历任县令对此啧有烦言：

> 煤薪之产，多在所割之中。刍牧之资，隘于异时之地。其贡煤之役，牧马之累，尚苦也。[②]

① 嘉靖《淄川县志》卷一《图考》，明嘉靖刻本。
② 嘉靖《淄川县志》卷一《图考》，明嘉靖刻本。

从中可以看出，当时在淄川县、益都县的交界地带，畜牧、煤炭是很重要的经济资源。处于两县交界山区的洼子村，传统的生计方式正是农牧兼营，以做采煤工贴补家用。村东丘陵连绵，山间草木虫兽是村民的重要资源。在村民的记忆中，直到20世纪上半叶，东部丘陵仍有狼、蛇、獾、狐狸、刺猬、黄鼠狼等多种动物，其中狼对人的危害性最大。时至今日，对于爱哭、不听话的婴儿，洼子村人常用“麻虎”“老猫猴”“搐倒啃”[①]等猛兽来吓唬，可能与曾经以进山打猎为生计的一段历史记忆有关。当地民间俗信认为，“麻虎是山神的看家狗”，村民便在东山上修建山神庙，供养“山神爷爷”，让他管好狼不害人。如今，山神信仰日渐衰微，山神庙早已坍塌为一堆碎石。村里只有少量以山为生计的人，如采石工、经营果园者等，仍然有祭祀山神的简单仪式。

19世纪末20世纪初，洼子村人开始与煤矿业有了更密切的关系。当时德国人在距洼子村西南约8公里的黉山一带，陆续开设6座矿井，按照当地忌讳，在排序号时没有“第四井”。20世纪30年代末，日本军队入侵，他们在德国开采的矿井上继续作业，洼子村大多数劳动力都曾去煤矿干活，但“只挣粮食不发钱”[②]，不过煤矿的安全条件还可以，少有事故。日本人投降以后，国民党政府接管煤矿，基本继承了日本占领时期的设施和管理制度，但矿难多了。在日方和国民党管理时期，煤矿上实行把头管理制度，分为大把头和小把头(即监工)，洼子村曾有多人担任过小把头。中华人民共和国成立后，建立淄博市矿务局，此前大规模的持续采煤活动开始显现隐患，尤其是50年代后因开采深井而用大水泵抽水，导致事故频发。洼子村人张宏溪就曾遭遇3次矿难，所幸大难不死。洼子村一带也有少量煤矿资源，20世纪七八十年代曾开办了小煤井、砖厂、瓦厂等村办小型企业，1994年仍有少量出煤，但资源很快就彻底枯竭，当地煤矿全部关闭。与此同时，这一带地下水迅速下落，山间泉水不再涌出，自然生态严重恶化。据老年村民回忆，以前的村东洞子沟一带，风景优美，一片石林矗立于两崖之间，清泉石洞，泉水从崖缝中奔涌成瀑，溪水遍突，西流成河，河床多为叠石，光滑见底，水中鱼

① 在当地方言中，“麻虎”是狼，“老猫猴”是猩猩，“搐倒啃”则泛指喜欢攻击人的猛兽之类。

② 据洼子村人揣测，这一规矩是根据当地与日本人有勾结的地主和商人的建议制定的，因为“其中有赚头”。

虾清晰可见。如今这一切仅存于记忆之中了。

洼子村东洞子沟一带，盛产制砚良石。洼子村制砚有悠久历史，但起始时间不详。据1932年12月《胶济铁路经济调查报告》记载："淄川砚颇有名，石自洞子沟出，在城东北二十五里。制砚者共四村，为大鸾桥、小鸾桥、河东、洼子等，合计之百余户，出口精致，畅销近远。"说明至迟在20世纪30年代，洼子村的砚台生产已有一定规模。20世纪70年代，淄川砚台大量出口日本等国。1978年，罗村镇成立淄砚厂，洞子沟邻近数村几成"无家不制砚"之势，引发了对砚石资源竭泽而渔式的开发，国际市场迅速饱和，价格一落千丈。目前，洼子村仍以制砚为业的唯一二家而已。据载：

洼子村西"渣儿山"，是这一带曾经辉煌的煤炭业的见证

> 淄砚产地较多，但以淄砚的地质年代而论，淄砚似乎可分为两类：一是与淄博盆地中石炭系上统太原组煤系地层有关；一是20世纪70年代所发现的砚材，产出地层为古生代寒武系。前一类产地为淄川罗村洞子沟，这就是历代文人所记述的淄砚；后一类产于淄河源的虞望山。罗村所产砚材，为井下开采，呈黑色，上层疏松，非良材，下层坚润为制砚的上品之材。砚材属粉沙质泥岩，所含矿物成分为显微晶质状方解石，褐灰色半透明状泥质物，次棱角状以石英为主的粉沙级矿物。偶含黄铁矿物质，有金星闪烁映日有辉。产于虞望山一带的彩色淄石，有水坑和山坑之分，但所含矿物成分大同小异，属泥质灰岩。
>
> 以淄石制砚，根据其不同的特点加以利用。罗村一带的淄石，结构密致，石质细润，硬度适中，古人所谓贬义的"有瓦烁之象"，多是指其上

层疏松之砚材。而下层的良材"有瓦烁之象"的颜色和上层"有瓦烁之象"质地疏松之砚材有本质区别。如果将所谓有"瓦烁之象"的良材,根据其特点巧妙地加以利用,摹刻一些秦砖汉瓦之类的题材,显得更加逼真,苍古高雅,是其他砚品所不及的……

淄砚源于汉,盛于唐宋。早在宋代,淄砚就与广东肇庆的端砚、安徽歙州的歙砚、甘肃临潭的洮河砚同为四大名砚。山东省淄博市淄川区罗村镇东北的洞子沟,原名"仙岩洞",是淄砚石采石故地,洞深五百余米,洞内分十二层。淄砚石采用固石和灰堂石,石质各具特色。固石有油性,润泽似脂;灰堂石含铜,磨墨时会闪金星,古人誉为"金星石""金雀石"。洞子沟砚石为青墨色,石质软硬相兼,所制砚台既利于发墨,又不易损耗。淄砚做工细,玲珑剔透,精美别致,集观赏、使用于一身。古人赞称:"浮石有铜,足为地真,如金之声,如玉之润,研磨如锉,发墨如油,用手抚之,如婴之背。"宋朝大史学家司马光编修《资治通鉴》,宋神宗赐予他淄砚作为褒奖,因而有"淄砚逾于琼瑶,一砚价比连城"的咏叹之谈。清代大文人纪晓岚寻得淄砚,即作砚铭"惟淄石之佳者颇似端溪"。[①]

显然,人类对于自然环境的改造力量是无比巨大的,在近现代时期尤为如此。在洼子村,大规模的垦荒、整地、采煤、采石、制砚等活动,使得这一带自然环境发生了巨变,这对于村落生活的影响是明显的。

二、"五门""四景"

在年老村民的记忆中,20 世纪早期的洼子村,依然是民风淳朴,神庙庄严,村内古树参天,村外绿水青山。尽管早已风光不再,他们还是津津乐道于本村的人文历史和曾有的建筑景观。村内残存的 2 座四合院、3 株古槐[②]以及所谓"五门""四景"之说,至今仍是村民百谈不厌的老话题。

---

① 百度百科"淄砚"词条,2017 年 11 月 14 日,http://baike.baidu.com/link? url=CeFVW-bKzkHYpA3tSTClj9ILVTSkUnNd9dwkvmBr1uekxt09URmhs8pYfKyhFJDsEp_xJ5PQ2_6qdDPEiVm8eOa.

② 1938 年,日本军队为修建炮楼而大量砍伐树木,这一带地区唯有洼子村还有三棵老槐树劫后余生,树龄都在 500 年以上。全村人对三株古槐十分珍惜,宁愿行路不便也要留存。

村内一株树龄500年以上的老槐树

(一)四合院

在洼子村,存有两处清代风格的四合院:张家院落、王家院落。其中张家院落系由4个院落串联而成,多用木雕、石雕、砖雕等,雕刻精美,寓意吉祥,如指日高升、挂印封侯、凤穿牡丹、鲤鱼戏莲等。

洼子村的传统宅院,普遍采用四合院形式建造,院内各房屋根据坐向而有明显的主次之分。坐北朝南的北屋,采光避风最好,是家庭居住的主屋和待客间,其他坐向的房屋则根据家庭经济水平而或有或无、或多或少、或大或小,情形不一。房屋基座一般是采用当地的长条青石页岩,砖挑檐,砖山尖,用青砖镶门、镶窗、镶大角,在空当处用土坯砌墙,屋面用麦秸披上,当地俗称"海青"式样。如果是用青砖镶门、镶窗,镶屋前面的两个大角,腰三砖,砖挑檐,砖山尖,骑脊,两梢用瓦做成,屋面用麦秸披上,就是"小海青"式样。比较讲究的门户,墙面全用砖石砌筑,采用砂浆弥缝,骑脊瓦面,配上马口或圆梢的梢头,就是很气派的"大海青"式样了。特别讲究的窗台要用长条石,室内青砖铺地,还要有"一门三枕六出头"。"一门三枕"即指门枕、腰枕、悬枕,"六出头"则是用长约26厘米的青石,用细钻打好,分别按三角形安放在屋的两山上,故有此名。

村内张家大院，是清代风格的四合院

传统四合院内，建有仓囤、花墙等，多栽花木

传统四合院内，一般都住有多户人家

张家四合院建筑精美，现在仍有少量雕饰遗存

(二)南大门重修

洼子村“五门”修筑的年代，应是清朝咸丰年间防备捻军的时期，现仅存东南门，俗称“南门”或“南大门”，砖石结构，附以厚重混凝土围墙。

晚晴时期修建的南大门，历经风雨仍存，是村民的骄傲

2005年，洼子村3名退休教师（张宏浩、张笃俊、张笃杰）和1名复员军人（张良华），注意到作为村里“唯一幸存的古建筑物”的东南门，在长期的风雨剥蚀下有坍塌危险，于是开始酝酿维修，在募集到5000元的捐款后，希望由村委会出面主持维修。村干部先是同意，但在估算工程费（四五万元）后又颇感踌躇。2006年5月，“洼子村南门重修小组”自发成立，张宏浩、张笃杰担任小组长，张笃学、张文云管账，张笃俊、张允柯担任督工，张良华、张世雷襄助，他们很快向全村父老乡亲发出一份《关于重修南门的通函》。兹抄录如下：

关于重修南门的通函①

×××先生：

洼子村民风纯朴、人杰地灵、物华天宝，历史渊源、文明浑厚，古建筑、名胜古迹颇多，建有三圣殿、七神堂、菩萨殿、七地庙、伟佗殿、通仙桥、五座庄门及围墙，由于历史原因，现只幸存南门，但年代久远、风剥雨蚀，已透水墙裂，破烂不堪，为保护古建筑、抢救古迹，经研究重修南

① 为保持原真面貌，笔者未对这份“通函”中的标点、语词加以订正、修改。如“七地庙”应为“七帝庙”，“伟佗殿”应为“韦佗殿”，等等。

门，望众乡亲及有识之士慷慨解囊、踊跃募捐，凡捐资者张榜公布，五十元以上者刻碑留名，永存后世。

（捐款者找村委×××）

洼子村南门重修小组

2006年5月16日

“洼子村南门重修小组”具有很强的运作能力，在启动初始就已将各项工作细节予以充分讨论。如立碑题名时，将以集体名义捐款1000元的村委会置顶，并在碑文中强调“得到村委的支持”；碑文中不写小组成员的辛苦和委屈，仅粗略提及“克服种种困难”；举办竣工仪式时，由村主任与重修南门小组组长共同揭牌等等。此举异常顺利，他们在发出“通函”之后的40天内，不仅完成了对南大门“修旧如旧”的工程，还用剩余捐款为这一带土路铺上了石板。高兴之余，“洼子村南门重修小组”委托在济南高校工作的族人张士闪撰文，张宏浩书丹，立碑纪念。兹抄录如下：

重修洼子村南门记

据文献记载并父老口传：洼子村始建于元末，旧有三圣殿、七神堂、菩萨殿、土地庙、关帝庙、五座村门及绕村围墙等，向称山川灵秀之地，人文荟萃之所。惜时过境迁，上述古建筑几全湮没，唯南门幸存。南门约修于明正德年间。[①] 恰南门东向，由是紫气常自东山来，瑞霭偏从南坡飘。村民之视南门，犹村落传统之载体、乡土情感之寓寄者也。因风剥雨蚀，年久失修，岌岌可危。村中父老有急公好义者，看在眼里急在心头，渐成众议汹涌之势。余归乡知此，乃率先捐款若干，立意促成此事。夫岂灵异足凭，不免祷媚之意；聊以古物存续，难舍救危之心。村民自发成立洼子村南门重修小组，公推张宏浩、张良华、张良贞、张笃俊、张笃学、张笃杰、张允柯、张文云负责操办。通函既发，众望所归。村中仁人志士各出资财，鼎力相助。择时而建，爰循修旧如旧之原则，月余功成，并修道路一段。南门内外遂焕然一新，巍然可观，斯村斯民何其幸欤！竣工之日，父老嘱余为文，欲勒石于南门外北墙之下。余屡辞不获，因述其始末而为之记。

① 原稿为“南门约修于清朝咸丰年间”，但经过咨询洼子村南门重修小组，最终采用了村民口传中“明正德年间修建南门”的说法。

第二年，洼子村南门被评为“淄川区区级文物”。年纪大的村民，每每在饭后踱步于此，回味一份特有的历史沧桑感。

整修后的洼子村南大门

(三)“四景”

“四景”之说不知始于何时，目前所知的依据，是洼子村流传的四句俗谣：“西有双塔寺，北有凤池井；东有仙姑洞，南有卧虎岭。”这可能是村里文化人模仿淄川古县城“四门四桥”的建筑格局①，而对绕村风景及人文景观的想象附会，以凸显本村风水之优越。

① 据嘉靖《淄川县志》卷三《建设志》载：“(以前)淄川土城，周围七里零一百尺十步，高二丈，池深八尺，阔一丈五尺，四以砖砌之，各有楼。”四门各有其名：东曰“迎仙”，南曰迎熏，西曰迎清，北曰迎恩。四门之外各建一古桥，西关桥谓“六龙桥”，南关桥谓灵虹桥，北关桥谓济川桥，东关桥谓迎仙桥。明崇祯九年(1636 年)将土城改建石城，设四门：东内曰“黉山”，外曰书带；南内曰甘泉，外曰淑圣；西内曰孝水，外曰沙堤；北内曰万年，外曰拱极。此外，在淄川古城中心十字街路口，还曾矗立着一座独具特色的、能供四面观瞻的“四牌坊”，又名“四牌楼”。它始建于明弘治十一年(1480 年)，木结构，丹红楹柱，斗拱交错，雕梁画栋，精巧玲珑，风采古雅，是一座古典艺术建筑牌坊，铭记着淄川历代文武官员、进士、举人、忠臣、贤士、孝子等名传。明清时期，根据建造四牌坊法的规定，只有文武官员科举齐全的府、县，才能建造如此规模的牌坊。据王秉典《淄博文物与考古》载：“明代淄川进士 31 人，举人 96 人，武科、武职 16 人。清代淄川进士 46 人，举人 137 人，武科、武职 58 人。”(王秉典：《淄博文物与考古》，山东友谊出版社 1989 年版，第 74 页)

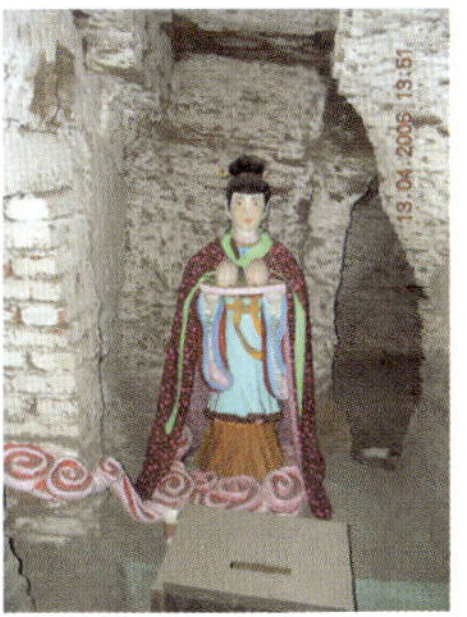

王母娘娘是洞子沟的主神，另有 9 位仙女各居洞穴

洼子村“四景”，以仙姑洞最负盛名。仙姑洞旧称“仙岩洞”，俗称“姑子洞”“洞子沟”“洞沟”等，包括四处洞穴：南边的仙姑洞、王母洞，北边的天师洞和中间出产淄砚石的砚台洞。传说仙姑洞里曾住有三位仙姑，村民有小病小灾，便去祈祷一番，烧纸磕头即可痊愈，无需吃药，因此香火旺盛。现在仙姑洞、砚石洞都已堙没，只有王母洞香火不断，每年农历三月初三与十月初三为香火庙会之期。据大窎桥村、河东村王氏家族《王氏一家言》记载，南洞曾立有《王母蟠桃碑》[①]，是明朝隆庆四年（1570 年）所建。北边的天师洞，里

① 《王母蟠桃碑》：“大明国山东省济南府淄川县仙人乡二图正东洞沟修养之处，今有住持唐常心发心建成。施主：张思仁、唐仲得、王春、马宗保、潘国用、张荣、张花、晁目随、贾名、芦师月……北洞主持：邢深贵、高真朴、姚全工。大明隆庆四年元月二十五日立。洪昙。”

面供奉的是张道陵。1931 年北崖忽然倒塌，将北洞完全覆盖，从此北洞里的情形便无从探究。据村民回忆，过去洞子沟两边的松树长势极为茂密，树枝在空中交叉搭连，颇有遮天盖地之势。

“卧虎岭”是文雅的称呼，村民俗称“老虎头”或“沙虎头”，这是由黄色沙石自然形成的景观，形似卧虎，虎头朝南。仔细观察这尊卧虎的形态，其中以虎头、虎颈处最是惟妙惟肖，形神兼备，现已被村民建房所覆盖。洼子村的成年人常常在上面歇脚纳凉，闲拉呱，孩童则喜欢在“卧虎”的头、颈、肚腹等陡峭处爬来爬去，体验一种惊险刺激的感觉。它曾在洼子村和河东村之间引发长期的纠纷，并最终爆发了一场规模不小的群斗，对两村关系影响巨大。本书第二章第二节“‘老虎头’风波”中对此有详细描述。

老虎头，已不复往日模样

“西有双塔寺”，是指在洼子村西南 0.5 公里处曾有一座古寺，为洼子村与河东村共有。据《重修双塔寺碑记》记载，该寺建于宋大观年间之前，在明嘉靖年间、清顺治二年至八年（1645～1651 年）、清光绪三十四年（1908 年）曾多次重修。[①] 在村民记忆中，双塔寺在悬崖之上建有北阁二层，有佛爷殿、三教阁、十八罗汉殿、天王殿等，在主阁楼的东、西两边建有禅房供和尚居住，

① 《重修双塔寺碑记》（载于河东村王氏家族所存《王氏一家言》之中）：“双塔寺古矣！考其创始，在有宋大观以前。镜其重修，当皇明嘉靖己丑。巍然宝刹，固一方之胜也……是役也，起于顺治二年，迄于顺治八年，凡六阅岁，其间起而修，修而阻，阻而复修，备历艰辛，厥志竟成……大司农王鳌永从弟王瑞永撰文。清顺治八年立。”

因阁前后建两座塔而得名，四周松柏参天，间以芙蓉繁茂，气势宏大，非常壮观。晚间，钟鼓齐鸣，和尚拜佛诵经。在20世纪上半叶，该庙曾遭到五次大破坏：1927年，河东村为建高级学堂而砍伐寺内树木。1929年，河东村农会会长王德法带人将庙内神像全部砸毁，驱走寺内和尚露能、露洗等，将寺产庙地尽数充公。1930年，白大凯匪乱，附近各村农会将双塔寺、仙岩洞一带古树砍伐殆尽，以修栏门设防。1938年，日本军队入侵，拆除庙宇建筑，在寺北制高点上修建炮楼，10余名日伪军驻扎于此。1943年7月，该炮楼被共产党蟠龙区中队攻破，庙宇建筑在战争中被彻底焚毁。

“北有凤池井”，因村北有一眼“姑子井”而得名。据说这一带是莲花庵尼姑的“赡庙地”，其地租给村民耕种，所得粮食按四六分成，六成交到庙上，供尼姑生活用。凤池井里的水质，水清味甜，全庄老百姓都饮用此水。村里流传着这样一则传说：

> 有一年的清明节，天气晴和，暖风微拂，野外春意盎然，这一带的学子村民、男女老幼纷纷到郊外踏青。这时庄东仙姑洞里三位仙姑看到百姓穿红挂绿，到郊外踏青，一时动了凡心，心想整天坐在洞里也无事可做，咱们何不出去游玩一番。于是三位仙姑出洞化装成三位中年妇人模样，也到郊外游走，与游人有说有笑，享受着人间的欢乐。
>
> 三位仙姑正游玩间，忽有一仙姑提出：咱们何不化作金凤凰到天上飞舞一番？瞬间三人变作金凤凰飞上了天，在空中飞舞很是好看，观者莫不惊叹。
>
> 三仙姑在天上飞舞多时，随后来到了地处庄北的上空，看到了姑子井，感到口渴，遂降落喝水。从此，姑子井便改名“凤池井”。

真正为洼子村带来声誉的，还要属“四景”中的仙岩洞，它与洼子村发展历史有着密切联系。明嘉靖年间《淄川县志》中有“淄川八景”①之说，至清康熙年间所修《淄川县志》则扩为“般阳二十四景”②，这是洼子村历史上的大事件。因为其中最大的变化，就是村东仙岩洞被列入“般阳二十四景”，从此成

① “淄川八景”：昆仑叠翠、孝水澄清、文庙古松、禅林峻塔、苏相石桥、郑公书院、万山樵唱、丰源牧歌。后因禅林塔塌毁，便改为龙桥疏雨；再后龙桥又坏，改为焕山山市。

② “般阳二十四景”：圣庙古桧、般水、昆仑山、孝水、夹谷台、三台山、万山、苍龙峡、黉山、瀑水湾、苏相桥、焕山、长白山、青嶂泉、青云寺、晴雨泉、龙泉寺、放生矶、宝塔寺、明山倒影、丰水、赵断沟、豹山、仙岩洞。

为“淄东名胜”。至清朝中期，这一带已是当地文人名士雅集流连之所。据清康熙二十六年(1687 年)《淄川县志》记载：

仙岩洞，名洞子沟。悬岩铁色，壁立千寻，南北相对，各立像祠，为黄冠修真之所。涧水西流，发源有石，平铺数亩，秋涨散瀑，恍虬龙翻浪，亦奇观也。(王敏入《般阳二十四景图·仙岩洞》)

春深芳草唤闲游，出郭寻幽过达邱。门对溪山皆画谱，村绕花竹节高流。听歌宜就黄鹂树，命酒先分白鹭洲。随地兰亭成胜赏，不应王谢独千秋。(高珩《题仙岩居》)

邑文学王梓岩，望出崔卢，名高顾陆。凡所为诗文，援笔立就，皆能道所欲言。其画，绘山川、云物、卉虫最工，尤擅写生，极妍尽态。至所制鳌山灯，园扉开阖，人物拱揖，泉飞鹿走，览者惊为神功。间尝于巨家，一再见之。今所画般阳诸图，于康熙丁卯五六月间，冒暑裹粮，一仆一骑，周历十余日，返而后下笔。垂帘闭阁，毕得其情状，至于感应山灵。其所寓余孝水西村，焕山山市为之屡现，亦异事也。兹图第二十四景仙岩洞畔石足园，盖即其所住处云。(唐梦赉《附记》)

洞子沟，是洼子村周边最著名的景观

其中所提及的“王梓岩”，是洼子村西邻大穹桥村[①]人王敏入[②]。王敏入具有高超的绘画天赋，在淄川一带很有名气。蒲松龄在《追远集·序》中曾高度赞赏其绘画才能：“讽咏余暇，兼精顾陆之长，且镌镂图章，罔不臻妙，非其慧业深耶！”清顺治年间翰林院检讨唐梦赉，在乾隆《淄川县志·般阳二十四景图·题记二》中盛赞其绘画技巧，甚至以“望出崔卢，名高顾陆”誉之。

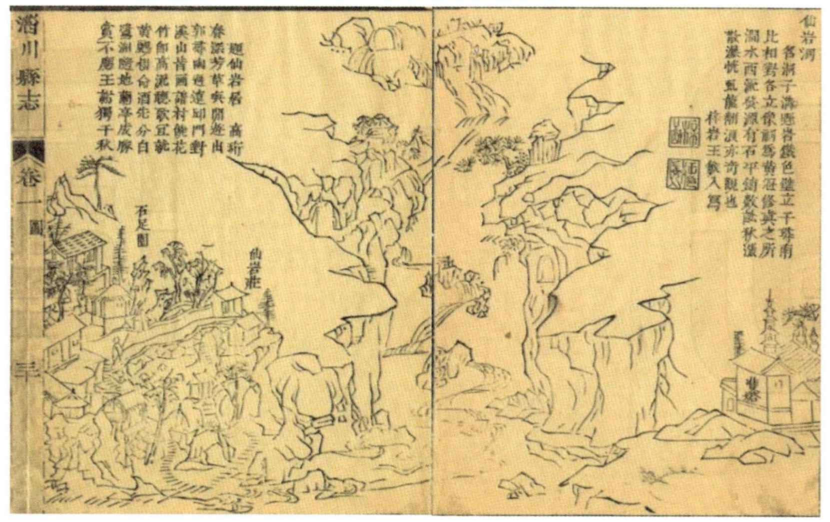

康熙二十六年《淄川县志》“般阳二十四景”之仙岩洞

清康熙二十六年（1687 年）夏天，由淄川知县张嵋主持、唐梦赉负总责，开始撰修《淄川县志》，王敏入应邀绘制《般阳二十四景图》。有意思的是，此前王敏入已在仙岩洞畔修筑“石足园”别墅，并将“石足园”绘入第二十四景“仙岩洞”风景中。唐梦赉在题记中特别注明：“兹图第二十四景，仙岩洞畔石足园，盖即其所住处云。”据邹宗良考证：“仙岩洞旧址在今淄博市淄川区罗村镇东北，其下之仙岩庄又名‘凹子’，即今淄川区罗村镇之凹子村，当即王敏入居处。”[③]前述《王氏一家言》中有《易安公诗文集》，载有王敏入的七言绝句《石足园自遣》，诗云：

① 大穹桥村，在洼子村西邻 2 公里处。

② 王敏入（1626～？），字子巽，号梓岩，般阳县丰泉乡（今淄川罗村镇）大穹桥村人，出身名门望族，明清战乱之际以孝闻名，死后淄川县为之建“节孝坊”。

③ 邹宗良：《〈陈淑卿小像题辞考辨〉订补》，《文学遗产》1986 年第 3 期。

静对川岩可乐饥，柴门常掩独栖迟。

有钱沽酒无钱罢，醉也相宜醒也宜。

诗文语言诙谐，意趣通达，表达了诗人洞彻世事的开阔胸襟。

王敏入之父王瑞永，对仙岩洞一带风景多有题咏，足见其推崇，也可见当时洼子村东一带盛景。《王氏一家言》中载录其诗作两首：

仙岩秋况

仙岩最上闭门居，谢客垂帘坐菊庐。

惟有春秋两度雁，不忘寒暖八行书。

山居自遣

岩碧溪清照日晖，径临深壑倚村微。

山楼小起才遮岸，花砌重开但掩扉。

爱酒频逢中圣乐，裁诗兼得了禅机。

白衣久觉丹墀远，素履还知黑业稀。

百年之后，王氏家族后人王培荀在《乡园忆旧录》卷四中对石足园有这样的描绘：

> 吾居之东五里许，族间有石足园。尝见其图，短垣绕屋，砌石作冰纹，亭阶树隙，大小石罗列如儿孙，极得山居之趣。图存而园则不可知矣。

显然，此时石足园已荡然无存，王培荀并未亲见石足园，只能凭一幅《般阳二十四景图・仙岩洞》想见当年的美好景致。①

三、修族谱

在洼子村内，张家是绝对的大姓，村里广泛流传着从山西洪洞大槐树移民而来的传说，并以《张氏世谱》中"洪武之世……由枣强、南皮诸县迁居而来"为证。清光绪二十九年(1903 年)所修《张氏世谱》，是洼子村张氏家族最早的族谱：

---

① 参见姑妄言斋：《王敏入石足园自遣》，2015 年 1 月 16 日，http://blog.sina.com.cn/s/blog_602d753b0102vgj1.html.

修世谱序

河以东，古仙岩庄也；河以西，古聂家庄也。[1] 河为时水之一，两庄不知昉何代而易其名，地之相去也里余耳。史氏谓，洪武之世，山左徙民最多。据茔碑所记载，先祖父由枣强、南皮诸县迁居而来之始，度地相宅，聚族于斯而家焉。余族中父老子弟，虽析离散处于两地，而赴急难，通有无，嫁娶凶丧，扶持亲睦无间然。即岁时伏腊、春秋拜祀之暇，聚首燕乐，绰有古风。自前明治平三百年，户口浸繁，又值国朝奠安之久，井饮田食，瓜瓞愈以绵延。凡我同族多质悫，自食其力，长为农夫以没世，皆相安于无事人也。其宦成名立，显扬为闾里光宠者，盖寡……

光绪二十九年岁次癸卯孟夏十六世孙履端谨识

世谱序

我张氏先人徙居以来未有谱焉，故自始祖三世下莫能识其承绪，勤明师德等祖以上莫能考其所出。然本诸墓碑，不必较其舛讹阙疑也可。勤祖以下，历历可稽，洼子庄西茔三支，赖有碑在；北茔四支，碑铭亦略可述。

光绪二十九年岁次癸卯孟夏十六世孙履瀛谨识

序

先祖父之聚族于淄也，未能确指为何年。据凹子庄旁西茔、北茔墓碑，所载多明季时日。鲁家庄西河岸上茔，逮于清朝乾隆初始置碑焉。故族老传闻，始祖自洪武中迁居来此，非臆说无稽也……

光绪二十九年岁次癸卯孟夏履端谨识

其中所谓“西茔、北茔”的说法，至今仍然在洼子村日常生活中发挥着微妙的作用。张姓村民按照二世祖张福缘、张福志兄弟二人区别家支：老大张福缘死后葬于西茔，其后人谓之“西茔支”；老二张福志死后葬于北茔，其后人谓之“北茔支”。此后，老大张福缘生有三子，号称“西茔三大支”；老二张福志生有四子，号称“北茔四大支”。

在日常生活中，张氏家族内部至少有着三个不同的圈层。首先是关于

[1] 此处之“河”，即锦川河，当地村民俗称“大河”，曾是本镇的最大河流，现已干涸；“聂家庄”，即现在的聂村，与洼子村东西相对，距离约 1.5 公里，同属罗村镇，村中有多户张姓人家。

“北茔四大支”“西茔三大支”[①]的说法，遇到红白事，往往以本支参与为主。其次，张氏家族按照所居住的地片，又分为“西池子张家”“南头张家”等，遇到盖房等事时互助帮工。再次，张氏家族还按照每家院落的方位或标志特征，有“南头瓦屋张家”“崖头张家”“庙上张家”等更具体的区分和称呼，并牵涉到对不同家风的评价。对于张氏家族三个圈层所区分的不同家支、近邻地片或具体家户，村民会在日常闲谈和聚会宴饮中有所评价，但往往只有局内人才能听出弦外之音，也就不至于引起矛盾纠葛。世居村中已有数百年历史的家族，日常闲谈会牵涉到不少历史记忆，以及新近生活中的诸多细节。比如，每当提及“南头瓦屋张家”时，村民会以“兄弟妯娌从来没红过脸”赞誉其家风，“南头瓦屋张家”也为此感到自豪。这种闲谈，在村民议修族谱的过程中表现得就更明显。

1996年至今，洼子村张氏家族共有三次修谱活动。修谱，自然要以老谱为基础。三次修谱活动，使清光绪年间所修《张氏家谱》的“家族内部知识”得到了一定普及，如关于张氏家族的明初移民说、始迁祖张在勋、西茔和北茔的由来等。

据说始迁来洼子村定居的张氏家族一世祖张在勋，从枣强迁来时[②]，洼子庄一带已有董、咸、马三姓“坐地户”。到了明朝中叶，张氏已成为村里大姓。清光绪二十九年(1903年)，张氏家族第一次正式兴修《张氏世谱》。兹选录两种谱序如下：

张氏世谱序

先祖自枣强迁淄，历年多而户口渐繁，析居分爨，散处不免。四世祖有徙居新城者，自新城又家于长山，至八世有才祖复回原籍，择地于鲁家庄居焉。每于春秋节及冠婚丧祭通问讯，而谱牒散乱，经饥荒兵燹之余，未遑修订，故各支命名绝无次第，前后世数字互相重复不知避讳，皆因无谱之弊。余尝以为虑焉。

有族侄名武者，自同治癸酉以汇谱商诸余。余以为此巨任也，难仓猝

① 据清光绪年间《张氏家谱》记载，始祖张在勋迁来定居洼子村后，共生有二子张福缘、张福志。兄弟二人去世后，分别葬在西茔和北茔，由此形成了本村张氏家族的西、北两大传统茔地。

② 洼子村《张氏世谱》中，在“一世始祖在勋”旁边注有如下文字：“字翰卿，号鼎铭。明初由枣强、南皮诸县迁于淄川城东北二十里，居仙人乡张家庄，即洼子庄也。卒葬于西茔中，坟陇无碑，故失识。”

就。侄武谓:"祖茔支茔碑碣所载,犹于苔篆松阴下字迹未剥落者,历历能述,此世谱之根源也。"然以当时承办无人,遂束阁其事而中辍焉。

至光绪壬寅孟春之初,父老子弟闲暇燕乐,又有立总家祠一说。余谓:"有此美意,先宜汇谱。"侄武欣然应诺,更与族曾孙德润相商榷,即族人亦乐成其事,未尝不终以为难也。乃斯时,祖孙鉴远忽于家藏韫椟中得族谱图一幅,记一世祖在勋,二世祖福缘、福志,三世祖七人,四世祖则无从考据矣。夫以一族谱图而知始祖之名字,兼详及二世三世,疑有神功,不得谓先人之无灵也。且征诸洼子庄西茔墓碑,盖西茔属三支,北茔属四支,此三世下七支分派无可疑者。虽三世下至勤德等祖类难考据所从出,然幸获族谱图一幅,从流溯源,自足以条分缕析。是天助也!实天成也!由是命族侄端瀛等,著序文记传赞,凡族中有可传可法之一节片善,及荣膺冠带,妇女之旌表节孝,无不彰著,以为族众劝。又于族间之随养恩抚诸人,第受卵翼大恩,实非骨肉天性,录外谱一册,以免冒姓混淆,非苛待之也。倘后起有人,嗣刻何难。余所深为期望者,即在是欤!

光绪二十九年岁次癸卯孟夏十五世孙成宪谨识

族谱序

始祖自枣强迁淄,卜居于仙人乡张家庄,即今之洼子庄也……

忆同治癸酉岁,卜臣祖、文斌祖与夫国宝伯等敦仁厚而联和集之风,修北茔支谱一卷,按自五世祖下,行辈字蹴等混序,支派莫辨。批阅者未能了若指掌,遂共询诸宗老所传,察之碑碣契文,详录族众支派,承绪分明,比前支谱略详备焉……

光绪壬寅春,吾族共议汇谱,却憾始祖无征。幸镜轩兄家藏世系图一幅,所载一世祖在勋,二世缘、志等祖下七支备载,世次与碑符合。虽四世祖名字无稽,而自始祖至三世得知其略,实千古难期之遇,亦为吾族意外之望,故曰天成之也。

光绪二十九年岁次癸卯孟夏十七世孙殿惠谨识

从上述序言中可以看出,晚清时期洼子村张氏家族第一次修谱经历了一个较长的过程。从起意修谱的清同治癸酉年(1873 年),到修谱告竣的光绪二十九年(1903 年),中间跨度达整整 30 年。在这一过程中,有性急者匆

匆修成《北茔支谱》1 卷，虽然大家并不满意，但却对整个修谱工作起到了一定的助推作用。现存于洼子村原村小学内的一通石碑，为清朝乾隆年间所立，将五世张勤列为一世祖，可见此时张氏家族的文字传统并不发达，没能将家族历史追溯更远。不过，这倒与在清光绪本《张氏世谱》问世之前草修的《北茔支谱》的记载是一致的，它们都将五世张勤列为一世祖。直到清光绪二十八年（1902 年）春，在十七世孙张鉴远家中偶然发现一幅世系图，上有自始迁祖张在勋以下三世的谱图，才使得该家族历史上溯至明初洪武年间。相形之下，西距 2 公里的大鸾桥村王氏家族，自明中期开始即有考中进士者[①]，自明至清有 140 多人走上仕宦之路，留下的族谱总汇《王氏一家言》卷帙浩繁，洼子村张氏家族的家谱状况则显得有些寒酸。难怪张氏族人对此慨叹不已："凡我同族多质悫，自食其力，长为农夫以没世，皆相安于无事人也。其宦成名立，显扬为闾里光宠者，盖寡。"[②]不过，从清光绪《张氏世谱》中"茔田既整，而朝夕守望"[③]的描述来看，当时该家族既有茔田，也有守茔制度和祭祖聚餐规制，应该是颇讲究礼仪的小康之家。在张宏溪的记忆中，"1949 年前（我们）家族很厉害，打 1949 年后就没有了"。传统上的清明和农历十月初一上坟，都是以家支为单位集体组织的。家族茔田在出租后所获得的收益，除了用于清明和农历十月初一上坟仪式的花销外，还可按照家族里男孩的人头数分发馒头，以及供家族男丁聚餐。[④]

在清光绪本《张氏世谱》问世 70 多年后，时至 20 世纪 70 年代后期，洼子村张氏家族又开始酝酿续修族谱事宜。有趣的是，围绕续修族谱一事，北茔支与西茔支之间既相互磋商、合作，又在暗中"较劲"。1997 年，北茔二支、北茔四支《张氏支谱》同时竣工；2006 年，西茔《张氏支谱》修成并隆重庆祝；2007 年，北茔《张氏支谱》修成，举行了更隆重的庆祝仪式。这四次修谱，都有着不少故事，至今为村民所津津乐道。比如，"北茔修谱领导小组"从 2006 年 5 月 9 日开始商量续谱，就特别强调了两点：一是修谱要合乎"老规矩"，二

① 大鸾桥村王氏家族第一个考取功名的是王崇义（1509～1560 年）。其字子由，号方田，1531 年乡试解元，1538 年中进士。王崇义初授刑部主事，后升刑部员外郎、刑部郎中、宁波府知府等。明清时期，大鸾桥村王氏家族共考取进士 7 名，显赫一时。

② 《修世谱序》："光绪二十九年岁次癸卯孟夏十六世孙履端谨识。"

③ 《张氏世谱序》："光绪二十九年岁次癸卯孟夏十六世孙增谨识。"

④ 讲述人：张宏溪，男，洼子村人。访谈时间：2016 年 8 月 15 日。

是“别落寒碜”，不能逊色于已经修好的西茔张氏支谱。可以说，北茔支的续修族谱活动，绵延10年，一直与西茔支有着微妙复杂的互动。如村民张宏浩所言：

在1996年的时候，张家有些年长的人，像宏泉、宏河、世伦、世祥等经常谈起这件事（续修族谱）。不过那时候做这件事有两个困难：一个是经济条件不行，另一个是宣传续谱的意义不够。虽然当时商量了一段时间，但没有形成正式决议，也没有发动起来。就是说，那时候的火烧得温度不到，这样就暂时停了一段。1997年，北茔二支的宏泉、世祥、宏洛发起修张氏支谱，他们三个便开始了工作，二支支谱便完成任务了。北茔四支，就是世伦那一支，他们自己搞了一个支谱，是手抄本。自那以后，就放下了这件事。去年（2005年），西茔搞续谱，也没和咱商量，总认为咱这里经济条件不行，再就是人力不够。今年（2006年）4月8号，西茔张家续好谱，又举行了发放谱庆典会，庆典会搞得比较隆重，形式非常浩大，当时请了录像的，搞了文艺演出，还有锣鼓队。这种局面就影响了北茔这些人，北茔很多人特别是年长的，就提出：“西茔能续谱，北茔就不能续吗？”在这些人的鼓励和西茔发放谱的影响下，我们的士气鼓动起来了。[①]

2007年，北茔《张氏支谱》举行庆谱仪式，张宏浩致辞

① 讲述人：张宏浩，男，洼子村人。访谈时间：2006年6月6日。

张宏浩在《张氏家谱》“2006 北茔支谱”《编后记》中，也对此有所反映：

> 自 2005 年村中西茔谱本问世以后，我北茔族人要求续修族谱的呼声越来越强烈，这本家谱的续修工作首先与这种家族公意的推动有关。

当然也可想见，2005 年西茔支的续修族谱，也未尝不是受到了北茔二支、四支修谱的刺激。按照西茔支修谱核心人员张笃杰的说法，曾打算“俺们费劲修个正规样子，你们北茔按照这个样子修谱省劲，再将封面改成《洼子村张氏族谱》，直接附在西茔支谱后头就行了”。他的这一提议，不但没有为北茔支所接受，反而激发了北茔支谱加快续修的劲头。

庆谱仪式前，先请出列祖列宗牌位

在洼子村，真正对修谱热心的人，其实只是极少数具有熟练的文字表达能力、颇有见识的精英人物，而在整个修谱过程中，又进一步显示并强化了他们的这一能力，提升了他们的威望。一般家族成员对这一事件并不甚关注，平时也不关心族谱，偶尔看到的话，也就是在随便找来的纸片上，把上溯三四代先祖的辈分名姓记下而已。在刚开始发动续谱时，并非所有人都赞成这项工作，甚至有人发出“现在亲兄弟都打仗，修谱有什么用”的牢骚，并引起不少人的共鸣。支谱续修工作最终得以完成，既得力于家族精英人物的热心推动，也与本村张氏家族“西茔三大支”“北茔四大支”的微妙格局有莫大关系。

庆谱仪式前的巡街活动

四、“文化村”的底气

要想理解洼子村人对诸多“老礼”的热衷，需要从元代以来淄川区域社会的整体变迁讲起。元代以前的淄川区域历史，尽管也有地方县志文字记录、口头传说和传统艺术唱词的“证据”[①]，但难以对后世有什么实际影响。在广泛的意义上，淄川地区可视为齐鲁“礼义之邦”的一部分。如距洼子村西南约 8 公里的黉山郑公书院，曾是礼义胜地，但在金代末年即毁于兵火，学统难继。[②] 郑公书院之于淄川，就像“罗成故里”之于罗村，在当地民众中的认同感相当淡薄。在整个淄川地区，关于元代以前的科举状况已经失忆或断裂，其县学传统是从元代开始的，并一直延续下来。历史上，淄川县城的

① 如《淄川县志》中关于郑玄、梁灏故事的载录，以及在山东地区广泛流传的吕剧《对花枪》中，关于罗成“家住淄川东北三十里”等唱词。

② 明人王琮《修缮郑康成庙碑文》中即有“故今有晒书台，有编书草，炳炳载入传说，铭碣不及”的说法。碑文载嘉靖《淄川县志》卷三《建设志》，明嘉靖刻本。

几次毁庙兴学之举，既反映了佛教在当地民间的蓬勃发展与影响力，也可以看出地方官员对于兴办儒学、力推文教事业的持续行为。这二者，对于洼子村的影响是显而易见的。

目前所见最早的淄川县志刊本，为明嘉靖二十五年（1546 年）由知县王琮主持修撰的《淄川县志》6 卷本。在该县志中，对于县学传统的记录是从元代开始的。元代重儒学，在“重道而崇儒，郡县皆得以立学而设教”的大背景下，元至元二十九年（1292 年），般阳路廉访签事赵璧、般阳路总管移剌铁木尔与同僚捐资，重修先圣庙，大大扩充了庙学规模。[①] 50 多年后，在元至正六年（1346 年），般阳路总管康庸又主持重修庙学，仍是采取众官员捐资的方式，整修工程更大，功能更加完备。可以说，淄川地区的科举传统，是从元代所奠定的庙学格局作为记忆之始。在淄川县，宋、元两朝仅各出进士一名，而明朝建立以来的 130 多年间也仅出进士 2 名，可谓科举不振。淄川文教事业从明朝中期开始兴盛，并持续到有清一代：“明代淄川进士 31 人，举人 96 人，武科、武职 16 人。清代淄川进士 46 人，举人 137 人，武科、武职 58 人。”[②]

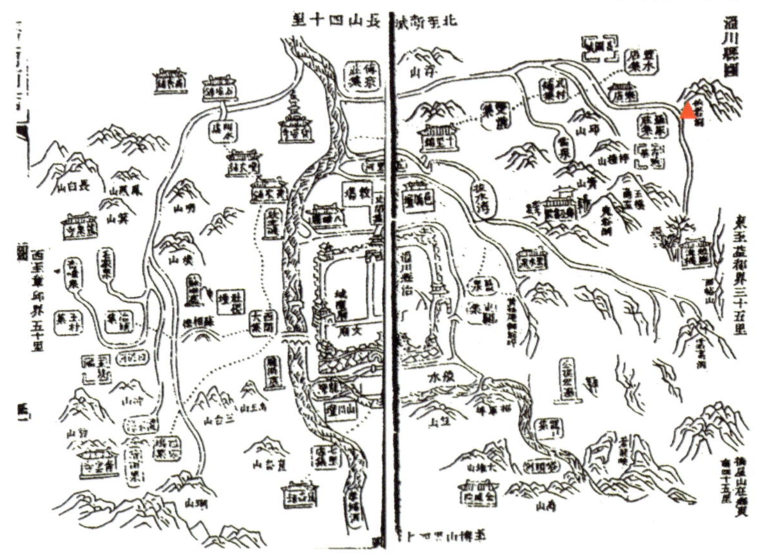

乾隆淄川县境图——洼子村

① 参见（元）赵孟頫：《般阳路重修先圣庙碑》，载嘉靖《淄川县志》卷三《建设志》，明嘉靖刻本。

② 王秉典：《淄博文物与考古》，山东友谊出版社 1989 年版，第 74 页。

明朝中期是淄川县推行国家礼制的关键时期，以知县杨武(弘治年间)、顾兰建(正德年间)、王琮(嘉靖年间)为代表的地方官员，以振兴科举为手段，长期致力于将淄川地方精英吸纳整合到王朝之内，而这种政治整合是以国家礼制推行和地方风俗整顿为名义进行的。他们强调淄川曾“为国为节度为郡为路为州”的“齐鲁望邑”的辉煌历史，以恢复往昔辉煌的文教传统为号召，在县城庙学一带大力废除道观、佛寺[①]，积极扩充儒学，实施“俗成民化”的政治策略：

> 国家自王都以及天下，莫不有学，莫不有先师孔子庙。盖孔子之道，治天下之大经大法，而学者所以学孔子之道，而达诸天下者也……俗成民化，地与时升。[②]

> 今天下用人之途，惟科贡为正途。科三岁一举，于乡试、于京师，中式者授品衔，否则养于太学，贡岁行焉。郡县有差，亦自乡而试，于京师中式者养于太学，否则再论于乡。彼遗而此录，大取而小不捐。凡天下之士，志世用者，咸得布列中外，而不废于草野林谷之间矣。我国家礼罗贤豪，器用俊造，周详广大，有如此者，盖即古人命乡论秀之意，法尤良焉者也。[③]

这一整合的结果，既使得淄川地区自明末清初开始大批涌现科举人才，仕宦成风，也使得以儒学为主体的国家礼义持续渗透于淄川基层社会，带动了地方文教传统的发展与发达。

洼子村虽地处淄川县东部的边陲山区，但村东仙岩洞一带胜景作为地方文人游览唱酬的雅集之所，自然会带动洼子村的诗书礼仪风气。前已述及，清康熙二十六年(1687 年)夏，由淄川知县张嵋主持、当地知名文人唐梦赉负总责撰修《淄川县志》，大窎桥村乡绅王敏入应邀绘制《般阳二十四景图》，洼子村东的仙岩洞被列为淄川“二十四景”之一。王敏入在仙岩洞景图上题词，极赞仙岩洞一带景致，并特别将自己临仙岩洞而建的别墅“石足园”标在画面中。以清康熙年间部左侍郎致仕的高珩，在画中题诗《题仙岩居》。

① 这也说明，明朝中期淄川地区佛道兴盛，甚至在县城庙学之畔也建有佛道寺观。

② (明)程敏政:《重修庙学碑》，撰于明弘治十二年(1499 年)，载嘉靖《淄川县志》卷三《建设志》，明嘉靖刻本。

③ (明)杨武:《科贡题名碑记》，撰于明弘治十五年(1502 年)，载嘉靖《淄川县志》卷三《建设志》，明嘉靖刻本。

洼子村虽然科举功名不彰，仅在清光绪年间出了张新一、张佃楷两名秀才，但私塾学堂在当地却很有名气。在村民记忆中，直至清末民初，南韩村、河东村等邻村仍多有前来入塾者。该村至今所延续的讲究礼义的传统，与元代以来淄川地区文教传统的逐渐发达与渗透有莫大关系。

2002年10月，民俗学者叶涛、姜波等到洼子村进行调查。村委会特意安排三名德高望重的老人张笃学、张笃俊、张宏浩介绍村里“风俗”。几位老人都是有备而来，事先各自写好了发言稿。有意思的是，他们都不约而同地强调“村里出文化人”。如曾担任中小学教师的张宏浩写道：

> 我村是个穷山村，但人穷志不穷，对办教育舍得投资，很早就办起了私塾学堂。那时邻近的村庄（官庄、南韩、河东等）都要来我村上学。传说东官庄的仇尚书曾在我村上私塾，当时他家是地无一垅、房无一间，要饭讨生，虽穷却立志读书。本村学生家长和老师看到这种情况，在各方面都给以照顾帮助，使其读下去，后来他成为明朝时期南京府的户部尚书。在清光绪年间，村里先后出了张新一、张佃楷2名秀才。
>
> 1949年以前，我村从事教育工作的人数就比较多。如张金山老师在抗日战争时期就已任教，现在八十高龄，已离休，是我区的知名人士。受他的影响和带动，我村现在当教师的就有50多名，分布在上海、济南、淄博等地，占全村人口的3%。这些教师中，大学本科、专科学历的就有30人，其中博士研究生2人，硕士研究生3人，出国留学者2人，其余都是中师（中等师范学校）以上文化水平，我们村是全镇教师素质高、人数多的村庄，有“教师村”之称。同时，老师的学生、学生的学生有的也成了人民教师。如老教师张金山的学生张宏浩、张宏仪、张世佃、张笃杰等人，是60年代参加教育工作、从教30余年的老教师，他们学生的学生有很多也献身教育事业，现正在以旺盛的精力、辛勤的工作，为国家培养高素质人才。①

张笃俊回忆说，1959年洼子村曾荣获过淄博市文化教育一等奖。村里的老书记王维臣、团支部书记王玉赞曾代表洼子村，出席过淄博市文教“群英会”，并带回一面锦旗。

① 详见本书附录“二、村民所撰民俗资料三篇”之《淄博市洼子村之文化教育概览》。

作为这一带颇有名气的"文化村",村民为此感到自豪,并乐于向外来者强调这一点。对于本村的"文化家庭",村民有许多有趣的说法。如有一户人家,7 名成年人中有 6 人从事教师职业,便称为"教师世家";有一家生有三女,三姐妹都考入大学,便说是"一门三贤"。此外,还有"两门四儒""三鹰一鹞"①等说法。显然,这是村民在日常闲谈中逐渐琢磨、反复念叨而成的"经典",以助谈兴,但也反映了"文化人"在本村颇受关注的事实。

① 当地俗传,老鹰每孵化三只小鹰,其中必有一只为鹞。洼子村有户人家,兄弟三人都有出息,其中一人最为杰出。

第二章
村外世界

洼子村的空间边界是明确的，但这并不为一般村民所关心。村民喜欢给邻村贴上“标签”，以此划出饶有兴味的心理边界。以相距约 5 公里的东邻青州市辛庄村为参照，他们将东部山区一带村民调侃为“山精”[①]，或称“山里人”“老山里”。以北部近邻南韩村为参照，将北部平原一带村民称作“北孙”[②]或“老北孙”。更有意思的是，对东约 5 公里处往北、北约 8 公里处往东的居住在东北交集处的村民，洼子村人既称其为“山精”，又称其为“北孙”，认为他们“山精、北孙都占着”。洼子村与南部近邻河东村，同处山谷地带，长期“开火”[③]，打来打去，洼子村人半开玩笑地称河东村人是“南蛮”[④]或“蛮子”。洼子村人真正不敢冒犯的是西邻罗村，可能是因为罗村以西、以南是地势更低的平原，邻近城市，不过洼子村人在敬畏之余，还是私下赠予他们一个“洼瘪”[⑤]的雅号。对于“山精”“洼瘪”“北孙”“南蛮”这些不同类型的人群，洼子村人有一套甄别其形象特征的幽默话语，其中嵌套着许多故事。传

① 山精：当地方言，意即“大山里的怪东西”，贬称。山：当地方言，是土气、没见识的意思。

② 北孙：当地方言，意即“北边的傻家伙”，贬称。

③ 开火：当地方言，是一种带有游戏性质的挑衅、摩擦与打斗活动。

④ 南蛮：当地方言，与“北孙”相对应，指称村落南部粗俗、没有文化、蛮横不讲道理的近邻。

⑤ 洼瘪：当地方言，与“山精”相对应，指称村西平原地区身材短小瘦弱、行事狡滑奸诈的人。

统上，对于超过15公里以外的地方，洼子村人与之没有密切的、常规的联系，自然也就没有花费精力给他们贴标签的必要。

洼子村人给邻村贴上的种种标签，又恰好反映了洼子村村际关系的历史与现状，以及该村的集体心理特征。

一、村境四邻

乍看起来，洼子村是个很普通的村落，没有任何特别之处。即便是在淄川县境，洼子村也不算是很有名气的地方。作为该村主要姓氏的张氏家族，历史上从来没有功名簪缨世家或富甲一方的巨室，其影响即使是在乡镇一级中也难以显山露水。不过，若据此以为洼子村人如自然草木一样籍籍无名，他们是绝不会同意的。村民经常强调本村民风淳朴，重视传统，文艺活动出色，是这一带远近闻名的“文化村”。无论是回顾历史，还是面向周边村镇作比较，洼子村人都会对其“文化村”的地位坚信不疑。

历史上，地理位置的相对偏僻与经济方面的明显落后，并不妨碍洼子村人以自我为中心，推衍出足以傲视周边乡村的“中心感”。这一“中心感”的表达，是以邻村为基点，以方圆15公里之内的乡村地区为指向，在不断地观察与评价中形成的。这种面向不同方位，由近向远推衍的对于周边乡村地区的想象，兼具空间边界和文化边界的意义，最初是服务于洼子村人外出谋生活动之需的。20世纪以降，村民有了更多接触外部世界的机会，也由此产生了更多的不安全感，这种自我“中心感”不但没有消失，反而因为有了更多“证据”的支撑而有所强化。

(一)东部“山精”

洼子村地处山谷出口，东部是大片的丘陵地形，是淄川区与潍坊青州市(曾为益都县)[①]的交界处。过去洼子村人将来自东部山区一带的村民称作“山精”，上了年纪的村民几乎都熟稔一些当时调侃“山精”土气、没见识的段子：

① 民国初期撤销青州府，建立益都县；1948年设青州特别市；1952年恢复益都县；1958年将临淄县并入，1961年又析出；1986年撤销益都县，设立青州市。

山精的土气

山精那地方穷啊，公路也通不过去，他们轻易不能出来。有一次，一个山精好不容易出来一回，一口气到了淄川，站在那淄川大桥上，看着孝妇河一个劲儿感叹："好大一根地阳沟[①]啊！"另外，山精那里不通公路，当然也不通火车，有个山精看到拉炭的火车，不知道是啥东西，就看着跑得"呜呜"地飞快，一眨眼就过去了。山精就在那里寻思开了："这黑家伙厉害，趴着都能跑恁快法，这要是站起来跑，就更了不得了！"这都是咱们老一辈人编的段子，说的是山精见识短。在咱们心目中，他们不光见识短，咱们还有顺口溜嫌弃人家老土呢，我记得有个顺口溜就是——"头大辫子细，带着山精气，不是夏禹河，就是土山峪。"[②]

你说这些都是他们编的，不一定真实，我可是见过一个真实的。我小的时候，父亲交了个山精朋友，来我家里住下过夜。我父亲一打开电灯，这个山精就站板凳上，掏出烟来凑到灯上去点烟，他这一辈子哪见过用电灯照明，还以为和他家那煤油灯一样呢，一看见亮就认为是有火苗，还想用电灯泡点根烟抽。这是我亲眼所见。[③]

通过村民张宏溪[④]的讲述，可以看出过去洼子村人如何区分"山精"，以及如何与他们打交道：

如何辨认"山精"

（问：哪里的人是山精？）

往东，到了辛庄那儿，咱就叫人家是山精，其实人家不"山"。

（问：怎么看出一个人是山精？）

看衣裳就看出来了。有句笑话说："叫你露着你不露着，不叫你露着你偏露着！"这说的是山精的穿衣打扮。大庙（青州市的一个镇）人来赶淄川西关集，自己觉得要扎固（打扮）得好着点，扎固来扎固去，就在腰里插上一枝花，俊啊！可是他们又时兴穿大袄，穿大袄暖和些，可是又把花盖上了，折腾得慌！面对着人，就敞开大袄，让人看见花，美得

---

① 地阳沟：当地宅院中用于排放生活污水的水沟，一般位于门楼一侧，深不足四指，宽不过十寸，且露于地表。

② 讲述人：张笃学，男，洼子村人。访谈时间：2011 年 2 月 10 日。夏禹河、土山峪皆为村名，在洼子村东南方向十几公里，属淄川区寨里镇。

③ 讲述人：张宏浩，男，洼子村人。访谈时间：2006 年 6 月 6 日。

④ 讲述人：张宏溪，男，洼子村人。访谈时间：2011 年 2 月 10 日。

慌；一阵冷风刮过来，又得把大袄一捂，把花又盖上了——这净是出洋相啊。山精戴的帽子是用头发做的，把帽边放下来很暖和；那地方的女人把棉袄一绕，把小孩放在里面，外面用扎腰带一扎，小孩也很舒坦，大人也耽误不了做事。

山精其实不山，跟咱们差别不大，也有不一样，要打绑腿，脚腕上有个围套，走起路来脚腕上的围套就往上跑。主要是行事不一样，山精山精，人并不精，村里人习惯说："别跟山精交朋友，这些夯儿[①]净小算计！"

与"山精"交朋友

咱交的（山精）朋友（窦三）不小算计。窦三，在咱这里有说他好的，有说孬的。

窦三大哥住在青州焦庄，在青州和我们这儿中间，离我们这儿也有15公里。

（问：你们咋认识的？）

1975、1976年的事吧。我没事到南沟去玩，从东边来了三个人，窦家老二、老三、老五推着车子过来了，说："哥，从家里找点水喝行不？"我说："喝水还有不行啊！"就拿了一暖壶水、三个茶碗，让他们喝了。由水引出话来了。"哥，你们这儿出炭，有好烧的炭吗？"我说："我知道哪里有好烧的炭。""你帮帮忙，和我们去找找好烧的炭行不？"这还能有不行啊！我骑着自行车，领他们推着车，就奔（去到）演礼（村）了。演礼西边有一道沟，出的炭好，我一去就问："恁四层炭在哪儿出？"四层炭、五层炭，你不懂得，老百姓都说"四层炭好，走铜铩铁化银子"，就是能把铜铁银子都烧化了，啥也能化。我知道哪里炭好，不知道价钱怎么样，人家找咱费费劲，咱在家里闲着也是闲着，推着车子就去了。没费劲，先到了大队里，开上票，到山沟里推炭，人家卖了还挺恣（很开心）！一车炭150公斤，来回60里路，还是山路，就是走南沟这条路一直往东。

（问：你们什么时候成了朋友，开始走动？）

到了这里（洼子村南沟张宏溪的家门口），我说："不送你们了，要是干渴（口渴）就来家里喝点水。"他们说："不干渴了，不喝水了，俺走吧。"从那以后就熟了。我有一次去焦庄换笤帚苗，那时候不是指望这换点

① 夯儿：当地方言，是"家伙"的意思。

钱嘛。我在村里一吆喝，窦三就对家里说："赶紧温上白(béi)水！"他那里，豆面水不叫豆面水，叫白水。他知道咱这里没啥吃，就准备下地瓜、地瓜干窝头，让我们吃点。那时候咱这里生活不好，十天一回分粮食。

除了窦三到淄川卖炭贩运，顺路来洼子村逗留，或张宏溪做点小生意偶然到青州，两家也像走亲戚一样在年节期间走动，一般是在每年农历正月初十左右。这种情况持续了近20年，直到20世纪90年代他们都已年过六旬才停止。表面的理由是两个人"年纪大了，累了"，其实是与这一带的另一个习俗有关——男人渐老，一般会在幼子结婚后，举行家庭分家仪式，从此退出正式的社交活动，如不再参加家族红白事中的随份子(随礼)、不再走亲戚等。

平时，洼子村人与东部"山精"的交流并不少，主要以物物交换为主，洼子村由于交通比较方便，能够从淄川、博山等地买来廉价的粗瓷大碗，而"山精"所在的地方则盛产用来做笤帚的高粱糜子，俗称"笤帚苗"。洼子村由于紧挨着东部山区，就成为与"山精"互通有无的主要村落。20世纪50年代，秋收过后，洼子村的年轻人会挑着装满粗瓷大碗的担子，到辛庄、边河以东去换笤帚苗，再一路挑回来，当天往返约50公里。因为路途遥远，又都是挑着扁担赶山路，是非常劳累的，身体不那么健壮的年轻人挑一趟回来，必须得休息上两三天才能再出门。卖粗瓷大碗，换笤帚苗，再卖笤帚，曾是20世纪中期洼子村人利用农闲补贴家用的重要方式。

我年小时候也挑过，也就18岁，一直走到牛家岭。牛家岭都是盘山路，路还窄，弯弯曲曲，另一边就是悬崖。窄到啥程度？窄到挑担子换不过肩来，一不注意就得掉悬崖底下。我那时候个子小，身体也瘦弱，就少挑点，有的人能挑120多个碗，将近100斤(50公斤)，我只能挑80来个，走到辛庄就已经走不动了，更不用说还得赶回来呢。那时候都是晚上不到12点从家里走，一直到第二天晚上12点以后才能回来，不停不休20多个小时，照现在谁能受得了？所以说在那边交个朋友很好，一是可以在他那里坐坐，休息休息；二是秋收过去后，天气逐渐转凉，挑几趟之后就到冬天了，如果有个朋友在那边，就能去暖和暖和，要不然真能冻死人。[①]

咱庄和山精交朋友的真不少，张世通和一个姓杨的老山精关系就

① 讲述人：张宏清，男，洼子村人。访谈时间：2010年8月20日。

很好，还有张宏溪与窦三都是老朋友，八十来岁的老人谁都能有个山精朋友。①

平时，虽常有批评和嘲笑，洼子村与“山精”还是保持着友好交往的传统。但到了特殊年代，就有所不同了。在20世纪60年代初的大灾荒年代，洼子村人曾多次向东部丘陵一带掠食。当地俗话说：“有山饿不死人。”是说在庄稼歉收或绝产的时候，山间野产可在一定程度上缓解人们的食物匮乏。张宏溪曾参加过本村人到青州市辛庄村的一次“揽坡”②，7名青壮年各带镢头和提筐，目标是偷取辛庄村尚未收获的地瓜。张宏溪承认：“说是揽坡，和偷、抢差不多。”结果被两个“看坡”的辛庄村青年追得狼狈不堪，一直追到本村村口，颗粒无收。平时喜欢讲“老礼”的洼子村人，在灾荒年头却尴尬万分。

(二)北部“北孙”

“北孙”，是洼子村人过去对南韩村以北5公里开外、泮水镇一带(曾属青州市或益都县，现属张店区)平原区村民的贬称。在洼子村人心目中，典型的“北孙”形象是：男女都扎裤腿，绳腰，头包白毛巾；说话像幼儿一样多用叠字，惹人发笑；性格温和，但有时候会有“牛脾气”③。村民张宏溪的一番讲述，道出了洼子村人心目中标准的“北孙”形象。

如何辨认“北孙”

说这些话实际上都是笑话(嘲笑)人家，但是老一辈人都这么讲。我小时候没见过“老北孙”，就知道他们长什么样子。咱们都说，他们那边的人穷，还没见识，头上包个白头巾，脸黢黑黢黑的，褶儿还多，就像永远也洗不干净似的，大牙都往外面呲着，脸也长。也没件好衣服，五冬六夏都穿个破棉袄。夏天的时候就敞着怀，冬天的时候就把俩大襟左右一抿，一件就顶一件半衣服，也不用扣子，就拿根草绳往腰上一捆算事儿。说话还侉声侉气的，喜欢用重音字(叠字)，反正和咱们不一样。④

---

① 讲述人：张世华，男，洼子村人。访谈时间：2010年8月20日。

② 揽坡：当地方言，是“拾荒”的意思，指在农事收获时节后的捡漏拾遗，如揽地瓜、揽花生、揽胡萝卜等。

③ 张宏溪：“别看他们平时傻呵呵的，不知怎么惹着了，忽然就较真起来，一较起真来说话又快又急，根本就听不懂。”讲述人：张宏溪，男，洼子村人。访谈时间：2005年2月5日。

④ 讲述人：张宏溪，男，洼子村人。访谈时间：2005年2月5日。

洼子村流传的一句顺口溜，道出了"北孙"来到本地的事由："老北老北，不是来拉炭，就是来拉灰(买石灰)。"洼子村人进入"北孙"地界，主要是去那边卖"棘针"(指荆棘)。因为"北孙"地界是产粮大区，每年秋收过后晒粮食的时候，需要用棘针做成栅栏围起，以免被别人误收，但是棘针却只在丘陵地带生长，于是洼子村人就有了前往"北孙"地界卖棘针的生计。不过，卖棘针与"换笤帚苗"一样，都是很累人的活儿。首先对于捆棘针就有很高的要求。

> 同样是捆一捆棘针，你若是捆得圆滚整齐很好看，人家就愿意要。要是绑不好，非但不好看，还会少很多，明白人搭眼一看，就知道是怎么个情况了。①

最显示"北孙"没有见识的，是洼子村人津津乐道的"北孙买表"的故事。故事发生在 20 世纪 70 年代末，一个年纪大的"老北孙"进城买一个座钟，当年轻的女售货员找给他零钱时，他居然说："别找零了，给我搭上块小的(手表)吧！"在 20 世纪七八十年代，戴手表在这一带是有身份的标志，特别是当众卷起袖子看手表的姿势很显派头，很是引人艳羡。当时的手表都是上海制造，价格不菲，每块价格约 120 元，而一个座钟的价格为 20～40 元。故事的结局，是"老北孙"万分羞愧，讪讪而退。洼子村人当然是不可能犯这种低级错误的，于是一句"老北孙买手表——买块大的，搭上块小的"，作为该村流行的歇后语，就成为本村人有见识、傲视"北孙"的佐证。在关于"北孙"的种种故事中，张宏祥勇斗"北孙"的故事最是脍炙人口。张宏祥的故事之所以能广泛流传，一是因为他长寿，这些故事被他以第一人称反复叙说；二是村民听着过瘾，张宏祥做了村民想做而不敢做或没能做的事，成为本村人的集体荣誉。

> 张宏祥一共作了两回饥荒(闯了两次祸)。那一回他赶着骡子驮着炭到北边去卖，离咱庄有 30 来里的地方，在当地集上碰上个厉害茬儿(厉害的人)，在庄里挺杂碎(无赖)："伙计，你这炭多少钱？""五块钱。""五块就五块，可别卖了，等我回来买。"一直等到傍晚，正寻思着："这夯儿咋不来了？还能再驮回去？"那人来了以后，直接拉到庄里并卸下，说"只给三块钱"。这咋行！正吱吱(争吵)着，忽然那边来了个能镇住他

① 讲述人：张世华，男，洼子村人。访谈时间：2015 年 1 月 20 日。

的人，提着他的小名训他："你待咋来啊！（你想做什么！）"张宏祥就把早晨留炭的情况说了一遍。算是碰上主持公道的好人了！这人能管住他，该多少钱就多少钱，还帮张宏祥将卸下来的炭运到他家里。那夯儿家门口有条小河，河边上拴着张宏祥的牲口，牲口早就着急了，只管着要往家跑。张宏祥就下到河边洗洗手，那人看见他洗手，也下到河边洗手。你说就在你家门口，你到河边洗啥手！再说，他开口闭口说"这个山精咋的咋的"，张宏祥早就气得不得了，从后头一脚就把他弄到水里去了！"你把我气了大半天，看你这些毛病！"赶紧蹁上腿（骑上骡子），牲口不用打，直接就到了南韩（村）了。[①]

张宏溪推测，出面镇服那个不通情理的"北孙"的，应该就是这村的"庄主"，理由是"以前都是庄主说了算，庄主行好（做得好），就能镇住人"。

20世纪初，洼子村和南韩村因为一桩官司断绝了往来。起因是居住在洼子村西头一位村民偷南韩村人的玉米。南韩村找到洼子村庄主张成宪评理，张成宪矢口否认："俺庄从来就没有偷东西的。"南韩村人不服气，终于人赃并获，直接送到县衙打官司。两村分属两县，南韩村属于益都县，洼子村属于淄川县，送到哪个县衙打官司就成为关键。

按说淄川县和益都县都行。淄川县，这村里有熟人，不好意思打他啊。韩柳沟[②]人净心眼儿，就送到益都打官司。因为不承认（偷），一顿好打，那姓王的个子也不小，听人说被打得皮开肉绽，露出骨头来了！人弄回来以后，两个庄就断了往来。那时候还没有我哩，是我在道上听老汉们闲拉呱，可能是百年以前的事。后来，两庄才慢慢疏通，慢慢地有了亲戚。

打官司时，洼子村人也是好面子啊。在县大堂上，按理说都得朝北跪县太爷，南韩的跪下了，洼子的就转回头来朝南跪。问他为啥，他说俺得跪俺的县太爷啊，俺不跪你，淄川县太爷在南边，俺就朝南跪。[③]

洼子村人对于"北孙"群体身份的确认，存在着模糊的过渡地带。他们觉得，北邻南韩村，曾归属益都县境，属于"北孙"，但当其划入淄川区罗村

① 讲述人：张宏溪，男，洼子村人。访谈时间：2005年2月5日。
② 南韩村，过去曾以韩柳沟为村名。
③ 讲述人：张笃学，男，洼子村人。访谈时间：2005年2月5日。

镇，同属一镇后，其身份变得复杂，并逐渐褪去“北孙”的色彩。这在村民张宏溪的表述中可以看出：

（问：北孙和山精有啥区别？）

就是那么个名堂，都是骂人的，不是好听的。南韩不是北孙，要从南韩往北出去十来里路，到了洋水（集）或再往北些才算。

（问：那就出了罗村镇了。罗村镇没有北孙？）

没有。

他的回答是毫不犹豫的。不过，洼子村人在日常生活中，还是有将南韩村人“打入另册”的污名化倾向。这一倾向不仅存在于洼子村，在该村以西、以南的众多村落中普遍存在，与历史上政区变更不无关系。比如，这一带村民会毫无来由地编排一些故事，突出“北孙”的无见识、做事不靠谱等群体特征，并自觉不自觉地波及南韩村，在讲述传播中消遣自足。这种口头叙事有相当稳定的结构，或是由讲述一个故事开始，以一句歇后语予以总结；或是反过来，由一句歇后语引出一个故事。比如：(1)“南韩放电影——不照了”。“照”是人直接控制的照明行为，如煤油灯、手电。这里有一个故事，说南韩村人将“照”用于描述放映电影的操作动作，显得滑稽可笑。(2)“南韩的芫荽——小芹菜”。芫荽形似芹菜而略小，在当地作调味用，故事中南韩村人不能辨识而视同芹菜。事实上，南韩村自20世纪70年代后期以来，村办企业高速发展，周边村落已难以望其项背，并多有前去打工者。无论是老年人待遇、村民福利，还是村小学的办学质量，或是村落知名度，甚至男婚女嫁的排场，都为周边各村艳羡不已。针对南韩村的这一“污名化”现象，既与其历史上归属于青州府或益都县有关，又有当下现实生活对比中的强烈心理落差的因素，村民的口头叙事正由此获得了动力。

（三）西部可畏

一向自觉有见识的洼子村人，虽然称呼东部山区的人为“山精”，但因自身处在东部山区与平原地区的交界地带，难免也被村西平原地区的人看作“山精”。洼子村人始料不及，愤怒不已，于是就有了激烈反抗。

有一则故事，讲述的是洼子村人在20世纪50年代外出买煤炭的经历。每过秋收之后，农活忙完，村民就凑钱找几个年轻人，推着车，成群结队去西边约10公里的双沟镇华坞村买煤炭。张宏祥力气足，又能说会道，一般都是他领头去。

洼子村说东边的人是山精，却因为别人说自己是山精，跟人家打了仗！咱上别处去，人家也喊咱是山精。有一次洼子村人去华坞推炭，用牲口驮。华坞属于淄川，双沟镇往北一带，离咱这里约20来里路。那次去了有十几个人，人家问“你们是哪儿人”，俺说是哪里。“哦，山精哩！”张宏祥那人有劲儿，个子也大，老了（死了）好几年了，老的时候93岁。咱们装好炭，他就说：“他叫咱山精哩！我扎固扎固（惩治一下）他！你们先走，待会儿我撵上。”然后找了一根把棍（木头棒子），自家（自己）留下，这家伙有点胆气。早来（以前）咱庄里的人好打仗，望着打仗不怵头，张宏祥是个头儿。正好，说咱村人是山精的那个人的木头车子坏了，在弓着腰扎固（修理）车子，这是个当地人。张宏祥看看大家走远了，看不见人了，估摸着快到史家庄了，就说着：“咱让你尝尝山精是啥滋味！”抡起把棍就没头没脑地砸了一顿。一赶（等到）对方招呼人来，他早就跑了，跑到史家庄，那里他有个亲戚，多亏了亲戚！这时候已经天黑了，亲戚一开门：“你这啥事？”“打仗了，你开开门（把门打开）家去（到家里去）吧。”“不咋（没事的），来到这里了他能咋！”“赶紧关上门。”“我做点饭你吃？”“不吃啊，你要听见街上‘庚噔庚噔’响，一伙人稀里呼隆过去，就是他们。”过了一阵，就听见那伙人稀里呼隆跑过来了，又回去了，没找着。①

洼子村人为了面子而不顾后果的群体性格特征，在这一故事中显示得淋漓尽致。在回去的路上，张宏祥详细讲述了事情的经过，大家无不拍手称快。回到村里以后，众人又把这件事情添油加醋地向村里人讲了一遍又一遍，于是张宏祥的“英雄之举”在村里广为流传，本人也被村民略带调侃地赞为“山精英雄”。时至今日，张宏祥早已去世多年，但他“山精英雄”的故事仍在村里流传着。

还有一个不知发生于何时、出自何人的故事，也是关于洼子村人好面子的：

① 讲述人：张宏溪，男，洼子村人。访谈时间：2016年8月20日。

有一年腊月底，一个洼子村人赶着驴车西去赶集卖炭，卖完炭后向集摊上询问黄瓜价钱，却受到奚落："你们这种山精还买得起黄瓜吗！"黄瓜是传统年货之一，在年集上往往会上升到让人咂舌的价位。本来无意购买的洼子村人坚持问价，对方故意报了个高出一倍的"谎价"。没想到，洼子村人二话不说掏钱买了两斤，当场喂驴，让对方瞠目结舌。①

（四）南部"开火"

同处山谷地带并与洼子村相邻的河东村，洼子村人与之长期"开火"，不亦乐乎。在当地方言中，同是表达人与人之间的冲突，"骂阵""开火""打仗"是程度不同的表述："骂阵"是口头语言层面的挑衅；"开火"是以抛掷土块、石块等手段向对方攻击，有游戏成分；"打仗"则是真正的实战冲突，是徒手或手持械具的近身搏击。在鲁中地区，村际之间的"骂阵"经常发生，基本上是以引发"开火"为目的，当然也有导致"打仗"的可能。虽然后者极为少见。

至少在20世纪的大多数时间里，两村之间是长年"开火"的。"开火"，在两村俗语中还有狭义所指，专指隔着两村之间的一道山沟（洼子村称"南沟"），相互抛掷土块、石块等攻击对方，可以是一对一地单挑，也可以是群斗。这种"开火"，一般是在农闲时节发生，在正月间甚至频繁到每天下午都会进行。在村里老人的记忆中，过去大年初一这天是不可能不"开火"的。大家吃饱喝足，往往就由两村男孩到两村交界处相互"骂阵"，随即"开火"，在极少数情况下会演化成一场两村成年人加入的"打仗"。20世纪70年代中期，两村之间曾发生过一场恶战，就是由"骂阵""开火"所引发，更深层的原因则与两村之间关于"老虎头"的长期纠纷有关。

二、"老虎头"的风波

20世纪70年代中期，洼子村与河东村之间发生了一场恶战，与坐落在两村之间的一座庙和一处名为"老虎头"的景观有关。

在明初时期，尽管洼子村当时人口少，财力弱，但也建造了三座规模不

① 讲述人：张宏浩，男，洼子村人。访谈时间：2012年1月26日。

大的关帝庙，分别在村西头、村中间和村南的南沟。村东群山连绵，往西往北都有深沟大壑，只有南沟是淄川县城通往青州的故道。村西南方向有一条斜路，是该村通向城镇的唯一通道。洼子村的神圣空间呈南倾态势，也就在情理之中。明朝中期，洼子村又在村南修建送子菩萨殿，最终在明成化三年(1467 年)建成。这一建筑群落规模不小，村民俗称这座菩萨殿为“大殿”，殿南是一间坐南朝北的小殿，殿内塑一金甲韦陀站像，身背虎尾钢鞭，面向正北守护着菩萨。大殿西侧是三间土地庙。整座庙院的大门朝南，因南边就是南沟，出院门可拾级而下，蜿蜒而东。在殿门外下行石阶的右侧，有一块不甚起眼的、记载着建庙历史的石碑[①]，立在由一片硬沙石风化而成的“老虎头”的左肩部位。有趣的是，这块石碑在村民心中竟也代表一尊神，即王灵官。村民对此有着丰富记忆：

> 村南的卧虎岭是由黄色沙核石自然形成，形态像一只金黄色的卧虎，高五六米，长十几米，虎头朝南，张着大嘴，就像一口把河东(村)吞吃了一样。河东村的村民说对他们不利，提出抗议。通过两个庄的庄主商谈，洼子庄同意把建庙时刻的记载碑压在老虎头上。这块碑起名叫“镇虎碑”，这样卧虎就永远爬不起来了。现在由于周围村民建房，把“老虎头”搞得面目皆非，不像当年的卧虎了。只有镇虎碑还垒在学校的南墙上。[②]
>
> 王灵官修建的年代我也说不上来。它所坐落的地方，本来有块很高的沙核岩，在这上面用夹灰砌好，蹲上一块八棱石，上面扣合上一个稍宽的石帽，石帽四沿刻有莲花纹或者是云纹。现在石碑与石帽都已砌在原来村小学的墙上。王灵官就是块石头，没有形象，人们就把它叫王灵官，这个地方也就叫了王灵官。石碑上字朝北，帽子是活动着的，它本身也扣得不是很严实。喝醉了酒的人劲大，肩膀使劲一扛就扛下来了。河东村一死人，来人一看石帽肯定掉下来了，那时人们很重视这类事。[③]

---

① 这块石碑早已被砌在村小学的高墙上，阴刻文字已模糊难辨，只能认出“大明国山东省济南府淄川县”“祈许众神佑护”以及“成化三年九月”等字迹。

② 讲述人：张笃学，男，洼子村人。访谈时间：2010 年 2 月 10 日。

③ 讲述人：张宏浩，男，洼子村人。访谈时间：2010 年 2 月 10 日。

与该石碑有关的这些说法，使得区区小神“王灵官”，在洼子村与河东村村际关系中的作用大为凸显，尽管作为其象征物的是高度仅有1米左右的一通石碑。两村之间围绕着“卧虎”“王灵官”而长期展开斗法，这是理解两村关系史的关键。

象征“王灵官”的古碑和石帽早已被砌在高墙里

问题的关键是洼子村南门外由层层硬沙岩构成的“老虎头”，虎口直冲正南河东村。20世纪三四十年代，河东村的死亡人数曾连续数年超过了正常年份。很快地，有一种传言在河东村不胫而走，闹得沸沸扬扬——洼子村的恶虎显灵了，非要吞噬多少生灵才算罢休。在高人指点下，河东村人很快将庙内记载菩萨殿重修事宜的古碑，挪来镇在“老虎头”上，这块古碑也就担当了“护神”王灵官的角色。不过，石碑的安放位置实在离洼子村居住空间太近，上面的碑帽又是活动着的，这就留下了隐患，乃至后来让河东村人寝食难安。洼子村的醉汉，常在夜色朦胧中走这段坡道，摇摇晃晃中停下来，倚扶着石碑或立或坐或卧地休息一阵，甚至就地呕吐，随意小便。另有些时候，洼子村小伙子为显力气，也会抓拿石帽或是抛掷把玩。对这类戏弄“王灵官”的行为，洼子村也有人不以为然，觉得有伤神圣，也有违古道，只是碍于同村情面，不好公开评价或谴责上述行为，一旦发现王灵官的石帽落地时，会自觉地搬起来为之戴上。

河东村人隐隐约约地听到王灵官石帽被挪动的事，但因为在邻村，照看不便。直到村里有人死去，便断定王灵官的石帽肯定又被抛落了，于是很快派人到洼子村，为王灵官重新戴好石帽。直到以后某一天又有村民死去，再匆匆赶来，将可能早已脱落多时的石帽为王灵官重新戴好。在河东村人看来，如果发现石帽落地，就会断定正是因为石帽的失落，使得王灵官丧失了镇虎的灵力，或是这一大不敬的行为使王灵官不愿意出力护佑他们，从而导致村民死亡事件的发生，从而归罪于洼子村人；如果发现石帽在王灵官头上戴得好好的，则将刚刚发生的村民死亡事件，看成是王灵官上次掉帽事实所招致惩罚的延续，或者在河东村人不知情的状态下，已有洼子村人将王灵官石帽摘下来过，只不过又悄悄地戴好了，而由此招致的惩罚却依然会落在河东村人头上。于是，河东村人渐渐滋生出对洼子村人的怨恨心理。

20世纪70年代初期，河东村人找到了有望一劳永逸的破解办法：响应政府提倡火葬的号召，在两村交界、属于本村的崖头高地上修建了一座骨灰堂。河东村人认为，在"在自己的一亩三分地上"所建的骨灰堂，集聚着本村先祖的集体灵力，足以抵御恶虎之灵，保佑在世者免受其害。这下轮着洼子村人满腹怨气了，抬头可见崖头高处的骨灰堂，甚是晦气，且对本村风水有碍，于是就在暗中进行破坏，如在夜间偷砸骨灰堂门窗玻璃，用弹弓把里面的骨灰盒打得面目全非。最后，河东村不得不在骨灰堂边盖了一个小屋，派遣村里民兵每夜执守，但依然防不胜防。围绕着骨灰堂的破坏与保护，两村关系急剧恶化。在1975年农历四月二十四黄昏，两村在南沟一带轰轰烈烈地"开火"了，这真是一场恶战！

> 与河东村打仗哪一年我忘了，反正是在农历四月二十四，黑天了。起因是南沟你那大姑，她去人家地里放羊，叫人家生产队里的人撵下来了。南沟里张良仁他们看见了，骂着说："咱打了这些舅子[①]吧。"于是就动了手。两边人越集中越多，仗就打大了。大家干活的也不干了，全都踊跃参加。这时我就去了，看看这架势能打杀人，黑着天，两伙人在沟底不出声地狠打！这边人，打一阵就跑上来喘口气；那边人，打累了就跑到那边半坡的枣树林中——那时候人烟稀少，那一带还不住人。我和河东村的大队长两边劝着，两边散开。快走开了，忽然又乱了，河东村那边的人还没上去就又下来了，有人喊："完了，完了，打杀人了！"原来是咱庄的人朝那边扔石头，把人家的头打破了。
>
> 公家没有人管这个事，这也就是生产队的事。好在河东大队长那伙计还不错，俺两个算是把这事压下了。我代表的是咱庄大队。[②]

---

① 舅子：当地方言，对人的一种蔑称，指称那些讨人嫌、令人烦的人。
② 讲述人：张宏洛，男，洼子村人。访谈时间：2002年12月10日。

放羊时，羊到了邻村庄稼地里，对方出面制止，这在乡村生活中可谓寻常小事，没成想却成为引发两村恶斗的导火索。显然，两村因“老虎头”“骨灰堂”等事件的长期摩擦而产生的积怨，是重要原因。更深层的原因，则是与这一时期国家政治强制下推所营造的特殊社会氛围有关。20 世纪 70 年代中期，国家政治高度渗透于乡村生活之中，各级政府以制度化的方式，强行将国家政治话语楔入到村民日常生活之中。如祭祖、赶庙会、走亲戚、扮玩娱乐等为村民所习惯的民俗传统，被归入封建文化残余而严加禁止，两村村民为夜以继日“抓革命，促生产”“过革命化春节”等政治生活所困扰，备感压抑。传统娱乐活动的匮乏，使得村落间积攒已久的紧张关系，无法借助传统民俗活动（如过年时节互送锣鼓等文艺表演）而得以缓和，是这次群斗事件爆发的深层原因。

在这次群斗事件发生后不久，两村却很奇怪地亲近了许多，开始走亲访友，比邻耕作，两村男孩很快恢复了下午放学后聚集“骂阵”“开火”再回家吃晚饭的习惯。这次群斗事件，其实是在这一特殊社会时期承担了一种狂欢仪式的作用，使人们压抑已久的本能冲动得以释放，对两村之间的长久积怨以及由此形成的郁闷氛围予以了断，重新建立起一种敞亮、明澈的村际关系，即使这只是暂时性的。与此同时，“争庙”也以出人意料的方式了结了。洼子村人对河东村建骨灰堂的事件，作出了于己有利的阐释：河东村修建骨灰堂的想法原本不错，但在设置大门朝向时犯下大错——骨灰堂大门是接纳死者的，若大门朝北正对洼子村，那将对洼子村不利；好在大门南向朝着河东村，因此倒霉的还是他们自己。对于这一点，河东村人也心照不宣。

> 原来的时候——在很早以前，两个村处的关系不大好。既然有这么个情况，后来洼子村修了一个碑，也是朝向这边。那碑修在砂核岩上，碑文朝北，就好像镇着这边似的。原先修的那块碑，就在墙外头。这块碑在我的印象中，好像意图就是不能叫河东庄欺负咱。以后呢，洼子庄里就有人说，你看河东庄修上这骨灰堂，想压住咱庄，实际上净蹩慌[①]了他自家。[②]

谈及过去洼子村、河东村的关系，河东村王克刚几次用“原先不好”“不

① 蹩慌：当地方言，即折腾之意。

② 讲述人：王克刚，男，河东村人。访谈时间：2002 年 8 月 20 日。

大好”“不大和睦”等语言来概括。围绕“老虎头”“王灵官”所发生的种种事件，显然影响到两个村落间的日常交往，包括孩童之间关系、村际之间的民间艺术交流等。在接受访谈时，两村老人都承认“两村在土地方面倒是没有争执”，却从“王灵官这个事牵扯到的两村的一段纠纷”开始，回忆起两村之间沿袭已久的两个传统。这两个传统很是悠久，有助于理解两村之间半竞争、半游戏的集体心理与村际关系。

其一，两村之间有长年“开火”的传统。两村小孩之间经常“开火”，这种“开火”，开始像孩童间的游戏，随后可能演化成一场真正的暴力冲突，经常吸引两村的成年人加入。这种“开火”行为，在农闲时节会频繁到每天都进行。这也说明，两村人都自觉不自觉地将对方视为可以进行游戏的伙伴，而且是排他性的、可控制的。

其二，过去在正月间，两村之间有“趁鼓”[①]的传统。河东村的打鼓传统历史久远，有多种鼓谱传世，如《闹龙舟》《蓬莱阁》《十番》《玉芙蓉》等，演奏时反复循环，组合成多种花样，河东村人颇感自豪，洼子村人艳羡不已。为了在“趁鼓”时不落下风，在河东村腊月里演练鼓谱的时候，个别有心计的洼子村人就仰躺在一处俗称“尸沟”[②]的斜坡上，偷学鼓艺。偷学的方法是，一边细辨鼓音，一边用自己的左右食指轻敲肚腹，慢慢地就记住了鼓谱。不过，两村在元宵节前后的“趁鼓”中，洼子村还是不免要落下风。有洼子村人愤恨不已，事先将一枚古制钱的一侧磨得锋利，借“趁鼓”混乱之机将河东村的牛皮鼓底划破。不用说，这又招来一场不大不小的纠纷，由此导致的舆论评说在两村持续良久。

① 在当地方言中，“趁”即争斗、比试之意，“趁鼓”即比试打鼓技艺。

② 尸沟：位于两村交界处的一个小山谷，过去孩童夭折，多被草草掩埋于此。洼子村人称其为“尸沟”，河东村则称此地为“沙石崖”。

第三章 岁时人生

洼子村人喜欢过节,很注重节日期间的礼仪活动。在村民记忆中,传统节日是与供奉神灵、纪念祖先等信仰仪式联系在一起的,是全家族的盛会,也不乏家庭生活的温馨。最喜欢过节的当然要数孩童们,虽然有家族伦理规矩的约束,但毕竟能够体验到特有的节日生活情趣,在比较大的节日里,还会享受到特色饮食,观看隆重的艺术表演活动。

总的说来,洼子村的传统节日集中于冬春时节,年节为大,夏季节日较少而且节俗简单。过年时,有"进了腊月就是年"的说法,一直到农历二月二还要"吃年糕",显示出对年节生活的恋恋不舍。对洼子村人来说,回家过年不仅有亲情的团聚、父母的期盼,也是乡情的重温、人际关系的沟通。相形之下,过夏节就随意多了:端午时,不再讲究全家团聚,买几个粽子,煮几个鸡蛋,在家门上插艾蒿,就是过节了;到了农历六月六这天,传统节俗是以新麦子作为供品敬天,同样影响不大。

洼子村关于人生礼仪的组织,首先与血缘、亲缘有关,但也颇重视地缘上的近邻关系。血缘方面,在村内有家族、家支、家庭的边界区分,在人生礼仪场合讲究"五服"关系;在村外,洼子村张家与鲁家村张家、聂家庄张家曾有往来关系,也有跨村落家族的"一家子"的说法,现今日趋淡化,已是"一笔写不出两个张字""五百年前是一家"的泛泛关系。亲缘方面,传统上是以男性的婚姻关系为主线的，形成所谓“七大姑”“八大姨”的亲戚网络。近年来随着女性家庭地位的上升，小家庭与女方父母的关系较前密切。不过，姻亲关系以“一代新亲胜老亲”的方式逐渐推远，仍是亘古不变的道理，姻亲之间三代之后就难有来往了。

与血缘和姻亲关系相交错的，是因居住而形成的地缘关系。在洼子村村内，地缘关系包括由近及远的三个圈层：最近的是同住一条巷道的关系，俗称“邻舍家”或“邻舍百家”，一般是几家至十几家的规模，相邻而居的还用“近邻”的说法予以特别表达。其次是“村南头”“村北头”“村东头”“村西头”“庙上”“村西北角”“村东北角”等表述，这是对于空间地块的表达，一般包括几条巷道，是十几家至几十家的规模。最后是全村的概念，以“同（一个）庄”来表达。20世纪80年代以前，遇上红白事或是盖屋的场合，前来帮场或帮工的本村人，就被分成“本家”与“街坊邻居”两种身份，能清晰地看出血缘与地缘的不同表达。此后，随着包工制度的盛行，上述互助帮工习俗渐渐淡化，趋于消失。

一、过大年

小孩小孩你别馋，过了腊八就是年；
腊八粥，过几天，哩哩啦啦二十三；
二十三，糖瓜儿粘；二十四，扫房日；
二十五，炸豆腐；二十六，炖白肉；
二十七，宰公鸡；二十八，把面发；
二十九，蒸馒头；三十儿晚上熬一宿；
大年初一去拜年！

——传统年谣

冬天里的节日最多，农历十二月初八（俗称“腊八日”）这天，村民喜欢吃腊八糕。旧时富户人家多雇有长工，如不愿再继续使用，就要在这一天提出辞退。

腊月二十三俗称“小年”，村民真正进入忙年之期。黄昏时分，各家要用糖瓜祭神，并将旧的灶王神轴烧掉，送“灶王爷”上天，俗称“辞灶”。传说灶王

爷是一家之主，管理家庭事务，所以各家要用糖瓜供奉他，让他“上天言好事，下界保平安”，到大年初一再重新把他请回来，意味着新年的开始。

腊月二十三，各家各户供奉“灶王爷”

大年三十下午，以家支为单位上坟祭祖，请祖先回家过年，俗称“请家亲”。“请家亲”的仪式有一定讲究，程序包括压坟头纸、焚纸、烧香、奠酒、放鞭炮、磕头等，一般不摆放供品，大都是在大门外朝墓田方向烧炷香，作个揖。迎请至家后，便会悬挂起家堂，摆放供品，为刚从墓田归来的“祖灵”安排一个栖身之处。供品一般是“五个碗”和两碗饺子，“五个碗”即猪头肉、粉条、鱼、豆腐、饭米。到了大年初三天不亮时，就要烧香磕头将“祖灵”送走，家堂自然也就被取下，然后卷起藏好。之所以要在大年初三将“祖灵”送走，据说是因为要避免让有外族外姓身份、前来省亲的已嫁女儿“撞着”，可能与某种传统的防范心理有关。但若是当年新故的人，则三年之内不能请，要去墓地上坟。请回来后要燃放鞭炮，既是对自家祖先的欢迎，又是对四下飘荡的孤魂野鬼的震慑。此外，这一下午家家户户必贴春联、年画。早就洒扫一新的乡间民舍，有了色泽鲜艳的春联、年画的装点烘托，立刻发散出一种神秘、祥和、喜庆的年节气氛。“一夜连双岁，五更分二年”的除夕之夜，于不知不觉中悄然来临。一些人彻夜不眠守岁到黎明，只为体验那“爆竹一声除旧岁，桃符万户换新春”的神圣时刻。在大年初一这天，人们便会借拜年之机，走家串户欣赏、品评各式各样的春联、年画、剪纸。这些五颜六色的民间工艺品，注定将陪伴千家万户历经风雨四季、阴阳昏晓，直到下一个年节到来时才被恋恋不舍地替换下来。

大年三十下午，以家支为单位上坟“请家亲”

从“请家亲”回来直到大年初一早晨，是“规矩”最多的一夜，洼子村一代代传承下许多禁忌，如忌说不吉利话，忌大声说话，忌骂人，忌挑水，忌洗衣，忌泼污水于地，忌隔着门槛往外泼污水，忌打碎物什，忌掏灰，忌扫地，忌看病，忌吃药，忌动刀剪针线等。村民对此的解释是，这天夜里正是百神下界之时，稍有不慎，便会触犯神灵降下灾祸。人们所供奉的神位是“天地三界十方万灵真宰神位”。

自大年初一子夜时分，鞭炮声就不断响起，此起彼伏。五更时分，一家之主即起，在院子里设香案，摆祭品，在鞭炮声中祭祀“天爷爷”等天地神灵，迎接财神、喜神。院子里安放的供桌上摆有三盘香、三个香炉，供品则是年中最好的酒食，如炸肉、炸鱼、豆腐块、鸡腿、水饺等，中间摆放“天地三界十方万灵真宰神位”，意即邀请众神下凡，接受供奉，家人们会依次向其磕头、祈福，并一直将其供养到年初五。在年初五这天，人们除了供奉最高神灵“天爷爷”外，还要敬宅神、当庄奶奶、山神等各色神灵。

大年初一早上，村里男女老幼换上新装，全家人一起吃饺子，随后晚辈们开始成群结队地向长辈拜年。从前都是要磕头的，现在已免去此礼，但长辈给小孩子压岁钱的习俗仍有留存。近年来，比较要好的朋友或邻居之间也时兴在大年初一这天串门通好，一起聚餐。

吃穿是传统年节的重要元素。在老一辈人看来，饺子寓意元宝，是财富

的象征，吃饺子有预祝今年发财的意思。摆放饺子也有讲究，比如往盖垫上放包好的饺子，就讲究由外往里转，而不是由里往外转。由外往里转，象征着财往家里来。只有在正月十五元宵节这天，摆放饺子才讲究由里往外转，家里人要外出"得财""转运"了。还有些人家喜欢在饺子里包点东西，比如枣、年糕、栗子、豆腐、花生、糖块、钱币等等，这都有一定的象征意义，蕴含美好祝福。如谁咬到包在饺子里的钱币，大家都会恭喜他来年得财。还有些地方，春节期间要包一部分素馅饺子，为的是来年"素净"（平安）。此时所选用的饺子馅是很有讲究的，一般是用白菜、萝卜、豆腐、粉条等。白菜意味着"白来财"；萝卜即"摞辈"，寓意辈辈相传、人丁兴旺；粉条意味着长长久久；豆腐意味着"都有福"。

自正月初二开始，是人们走亲戚的日子。初二这天要"走丈人家"或"走娘家"，女儿一家会早早来到娘家拜年、聚餐。初三是姑家、姨家等亲戚之间的走动。初五初六两天走干亲，访朋友。初七是远亲之间的走动。到了正月十五，有条件的人家会挂花灯、放烟火。据说以前没有电灯时，村民曾用红萝卜切成块，用火柴棒或细小的柴棍串起来，在棍棒的一端缠上棉花，浸上油将其点燃，放在家门口，这样可以当作灯用，防避蝎子、蚰蜒。正月十五这天，洼子村会举行艺术表演活动，村文艺队开始到邻村巡演。

洼子村地处山区，过去交通不便，走亲戚有时要徒步翻过几座山，大人小孩在结冰的山路上行走不免要滑倒。在呵气成雾的冷天，踏着一地雪花去走亲戚拜年，是一种特别的体验。往往会出现这样的情形——走亲戚的一方老早就起身赶路，迎亲戚的则一次又一次地跑到村头瞭望，准备接人。终于在漫天大雪中，大老远地看见亲戚，胳膊上挎着颜色鲜亮的包袱，摇摇晃晃而来。对亲人的那份期盼，见面时的那种亲切，这在交通便利的今天是很难体验到的。

洼子村人在20世纪70年代，有一段"过一个革命化的春节"的特殊经历，至今还不时有人谈起。当时，国家为彻底改造农民头脑中的"顽固落后"的思想观念，敦促县、公社两级政府组织亲自督促各大队、生产队，要彻底杜绝村民在年节走亲戚的旧风俗，避免大吃大喝造成浪费，省下时间"抓革命，促生产"。到了年后走亲戚的时节，洼子村党支部书记、大队长和民兵连长带领民兵到本村各个路口站岗，严密监视村民的外出活动。只要是挎着包袱或是提皮包外出的村民，都一律拦住检查。凡里面有白面馒头一类东西的，一律劝阻回去，如果重犯，就没收交到大队部。不过，最后的结果也往往是对当事人批评教育后予以交还。

很快，强制推行的“过一个革命化的春节”的国家政治措施就难以为继了。由于民兵都是本村人，被拦阻的多是本村的中老年妇女，彼此之间的亲属关系很是错综复杂，民兵不会太认真，妇女也不会真正畏惧。当双方都意识到了这一点，一切就被赋予了一种游戏色彩。从大清早开始的三四个小时里，全村民兵出动，虚张声势地东堵西截，妇女们心中有数，机智勇敢地应对并“落荒而逃”，成功地“走亲戚”，在拉家常时还兴致勃勃地交流着智勇闯关的特别感受。来年到了正月初二至初十之际，越来越多的妇女加入走亲戚的“游戏”中。一大早，村里孩子就跑到村边的几个主要路口看热闹，在村里十几名民兵的“严格执法”之下，几十位中老年妇女集体突破“封锁线”，完成一场一本正经的游戏。此事最后不了了之，各级领导们在总结会议上摇头叹息，意识到改造农民思想观念这一任务的艰巨性。两三年后，他们也稍带羞涩地加入到过年走亲戚的行列。

二、四时八节[①]

（一）二月二

农历二月初二是“青龙节”，有“龙抬头”的说法。在洼子村，“打囤”曾经是二月二期间最流行的节俗活动。打囤又称“打灰囤”“围仓”“画仓”“填仓”等，村民在二月二这天一大早就起身，用簸箕盛上草木灰，握一根木棒边走边敲簸箕沿，让灰慢慢落下，灰线拼成仓囤样的图案，在灰囤外洒成梯形，再在囤里投放五谷杂粮少许，预兆囤高粮满丰年在望。大爷大娘们一边念叨着“二月二，龙抬头，大仓满，小仓流”的谣谚，一边悠然自得地打囤，很是轻松愉快。这其中，既寄托了人们对于风调雨顺、五谷丰登的强烈愿望，又表现了人们亲手把握幸福、品味生活的一种艺术美感。

---

① 四时八节：当地方言，指一年四季的各个节日。

过去，二月二还是邻里间大妈大嫂一起“炒蝎豆”的日子，即将大豆、地瓜条与各样精致小巧的仿生面食一起混炒，据说食之可避蝎虫。伴随着红红的炉火，滚烫的豆子在一口大铁锅里“噼啪”作响，馋嘴的孩子们在一旁转来转去，妇女们从容不迫地拉呱谈笑，回味刚刚过去的春节，交流新的一年的打算，画面甚是亲热温馨。二月二的大街上，处处洋溢着炒豆的馨香，再贫困的家户也能感受到这种节日的喜庆。一样的节期，大致一样的饮食，体现了一种众生平等的思想，是对村落日常生活中穷富、贵贱等差序格局的弥合。

洼子村还有一句俗语说：“过了二月二，再没有那碗糕了。”过去，一般人家从大年初一这天起，享受着一种坐吃成穿的日子，这情形一直延续到正月十六。在饮食上，一般过了正月十六就改换成平日的吃食，谓之“换饭”。但是到了“换饭”之时，并不会把过年吃的东西全都吃完，主妇必在这时留出一点面食，至少留出一碗年糕，到二月二再端上饭桌，使全家人再享受一次过年的滋味。别小看这碗年糕，它能让人们的心灵得到些许慰藉，为生活添几分韵味。吃了最后的年糕，过去的一年就过去了，新的一年的一切又得从头去争取。要想美美地再吃年糕，就要靠新一年的劳动去创造。在下一个二月二到来之前，再也没有吃年糕的机会了。因此，当某人错过了时节或失去一去不复返的机会，而还想成事的时候，老辈人便会对他说：“过了二月二，再没有那碗糕了。”“二月二那碗糕”，在村民口中就引申为一个特别机会的代名词。

（二）三大鬼节

在洼子村，清明、农历七月十五、农历十月初一是以祭祖为主要节俗的“三大鬼节”。祭祖分为家祭和墓祭两种。清明节的前一天称“寒食”，传说古时晋国大夫介子推在这天被火烧死，人们为了纪念他，把这天定为禁火日，家家户户不得举火烧炊，不能吃熟食，故为寒食。村民认为，清明时上坟不需要拔坟边杂草和添土，只需压坟头纸即可，这一祭祀传统是为了让他人知道此家还有后代。若是要添土，须在寒食的前一天，让一个小孩子清早去添土，小孩代表着后代，意为后继有人，让祖先放心。寒食的前一天叫“一百五”（冬至后105天），若在这一天“不见红日”（即不出太阳），村民就要到各自祖先的坟头上添土，并在寒食下午祭祖。清明节这天早上，村民习惯用麦苗煮鸡蛋吃。据说以前这天还有男女到野外踏青之俗，年轻妇女平时是不能外出闲逛的，只有这一天可随意到野外游玩，孩童则喜欢在这天斗鸡蛋、放风筝。中华人民共和国成立后，学校一般会在这天组织小学生到烈士墓地扫墓，敬献花圈，进行革命传统教育。

清明节上坟

清明节上坟回来，各家支聚餐

农历七月十五的祭祖，是把“家亲”请回家进行祭祀。村民去地里拔几棵谷子、高粱、豆秸，捆成一束，放在大门顶上，再摆上酒菜、水饺作为供品，意即邀请五谷杂粮之神后稷来到家中，与祖先一起饮酒吃饭，以保佑当年庄稼有个好收成。大约两个小时后，村民便为“家亲”发钱粮，烧三盘香，将之送走。有的村民会特意挑选几棵不太饱满的庄稼，当作供品呈献给后稷，目的是告知后稷目前庄稼的长势不好，以此提醒赶紧发挥神通保佑庄稼，否则今年就没有好收成了。

七月十五祭祖，要将当年庄稼扔到房顶上“荐新”

农历十月一也需要墓祭，仪式程序与清明节类似。据村民张宏溪说，以前家族势力很大，家族全体人员要在清明和农历十月一隆重举行祭祖仪式。因为家族有祭田，一般祭祖的供品花费都依赖于祭田的田租。祭祖完毕后，家族里的长辈和男丁会分食供品，按人头分馒头。

(三)七夕节

七夕节，即农历七月初七，与古代牛郎和织女美丽的爱情神话有关。据说，这天深夜在老葡萄架下，能听到他们的窃窃私语和抽泣声。如果这天下雨，那就是织女流下的泪水。

七夕还是“乞巧节”。传说织女心灵手巧，民间妇女便向织女乞巧。以前，村中少女会在晚间成群结伙，找一处比较安静的家院聚会，悄悄地向正北方磕头烧香，参拜织女，以求婚姻幸福美满。随后，她们各自拿着针线比试手工，看谁能在月光下穿针引线，据说成功者可以得到神灵的庇佑，将来会找到一个好女婿。

（四）中秋节

农历八月十五“中秋节”时，村民有举办团圆晚宴、吃月饼和葡萄之俗，在外工作的人一定要赶回来与家人团聚，讲究的家户还有在自家天井里烧香拜月之俗。洼子村人以刘伯温起义的传说解释吃月饼习俗的由来，现在还流传着一句歇后语“八月十五杀鞑子——齐了心了”[①]。如今，村里有在节前给长辈和亲戚朋友送月饼的习俗。

三、人生仪礼

历史上，由于村落环境闭塞，洼子村人讲究一切按老规矩办事，特别是在婚丧嫁娶等人生仪礼方面，更是尽量依循“老礼”而为。“老礼”，似乎代表了某种不言而喻的权威。比如，洼子村人就很注重添丁进口时的“送祝米”“穿裤”和六旬以上老人的祝寿活动以及红白事，活动场面讲究热闹，注重仪式细节。

过去洼子村人有句俗话，“孬煞是儿，薄煞是地”[②]，显示出重男轻女的观念。村民耻于靠女儿养老，以入赘为耻，这类观念在今天仍有延续。洼子村人对本村四世同堂、五世同堂的人家津津乐道，很是羡慕。该村现有四世同堂者十多户，曾有五世同堂者一户。1981 年，84 岁的村民张子玉的玄孙降世，亲友乡邻纷纷登门祝贺其五世同堂之乐，非常热闹。罗村镇文化站闻讯前来，拍摄五世同堂全家福与高祖玄孙合影，并在全家福的照片旁附有一副

① 村民传说，在元朝末年，朝廷为了监视老百姓，每家都安排住一个蒙古人，家家都要拿他当“老子”一样供奉着。刘伯温准备起义时，为防止风声走漏，便把信包进月饼发送到各地义军手中，信上写的是“中秋夜，杀鞑子”，结果在中秋节这天同时举义，将蒙古兵将杀了个措手不及。

② 意即自家的儿子再不好，也比没有儿子好；自家的地再薄，也比没有地好。

对联以表祝贺，上联为“欢庆高龄千古在”，下联是“喜看五世誉满楼”，横批“五世其昌”。此照片被该户居民长期悬挂家中，成为众多村民的谈资。在村民心目中，五世同堂代表了人间生活的某种理想状态。

(一)生育礼

洼子村小孩自出生以后，其婴幼儿期多有人生仪礼伴随。最普遍的是在新生儿出生后 10 天之内，挑一个逢双的日子，娘家亲戚会送来米、面、鸡蛋、衣料等，举行“送祝米”仪式。庄里乡亲则送来豆腐、鸡蛋、红糖等，以示祝贺。主家则大设宴席隆重招待，多者达七八席。

小孩满月时，要抱到娘家去绞头(即剪头)，俗称“小孩绞绞头，活到九十九”。绞头仪式并不仅仅围绕婴儿的头顶进行，还有诸如“绞绞嘴，省嘴贱，不要说诳话，不要骂人；绞绞手，别手贱，别打人”的仪式，既是对婴儿身体健康的祝愿，也表现出对其长大成人后的期望。至今，洼子村人斗嘴之际，还常以“你小时候，姥娘没给你绞绞嘴”相詈相戏。如果有人好打打闹闹，则以“看你动手动脚没正样儿，小时候姥娘没给你绞绞手”相讥。

婴儿出生后近百天，要举行“过百岁”仪式。家人还会暗地里找算命先生为他测算八字，看是否需要举行“拜干娘”“开锁”[①]等仪式。幼儿 1 岁生日时，要举行“穿一生日裤”仪式。3 岁时举行“安根”仪式，意即将幼儿的命根稳稳当当地安在人间。

(二)拜干亲

洼子村有拜干亲的习俗，大概有拜干娘、拜干姊妹和拜干兄弟几种。

干娘又称“压娘”，意指将孩子的命“压”在人世间，这与过去医疗卫生条件差、婴幼儿死亡率高有关。小孩生下来不出百天，找个算命先生算算，如果需要找个干娘，就要在一定期限内上门拜干亲。干娘的年龄、属相甚至生辰八字都有要求，需能弥补小孩生辰八字中缺少的五行属性。拜干娘没有复杂的仪式，但礼品是必不可少的。当然，决定拜干亲的人家首先要征得所

---

① 拜干娘：当地认为如果小孩的命贵会不好养活，可以找个穷困人家的人做干娘，驱走灾难和疾病。开锁：因为有神灵“锁”住小孩，使他行动不便，浑身没劲，便需要举行巫术仪式来将“锁”打开。

要拜的干娘的同意，不过并不需要中间人传话，拜方和被拜方直接商量就行。到了预定的日子，拜方的父母带着自家孩子前来拜访，给干娘敬献一套衣服，以前都是买一件宽松的大褂。干娘穿上衣服后，将小孩由领口放入衣服内，再抱一下，象征着孩子是她"亲生"的，"娘"与"子"的关系从此确立，然后大人们一起吃顿饭，仪式就算结束。现在洼子村依然有拜干娘的习俗，但在仪式上已经有所变化。村民不再买宽松大褂，而是买一套平时可穿出门的时兴衣服，届时干娘会取一条不会再穿的旧裤子，把裤裆剪开，然后将小孩从裤腰处送进去，再从裤裆处拉出来，以此象征孩子从干娘身上"落草"。显然，村民对这一习俗的调适，兼顾了双方在"功"和"利"方面的需求平衡，拜干娘之家获得心理满足，干娘则获得一定的经济利益。

干亲关系的维持，除了要给干娘过生日之外，年节中的初五或初六还要走干亲。这一带的讲究，是在找好干娘以后，拜方要连续三年带着孩子和礼品去看望干娘，干娘既不用回礼，也不用带着礼品回拜。三年以后，双方可以转入礼尚往来式的相互走动，也可以慢慢疏远不相往来，而以后者居多。拜干亲的民俗意义，本来就是佑护幼儿身体结实，顺利成长。等孩子稍大，这种象征性的保护意义也就渐渐退却了。

拜干姊妹和拜干兄弟的习俗都叫"拜交"或"干拜交"，拜交不同于拜干娘，并非出于信仰方面的原因，而在于缔结某种社会关系。如果两个孩童经常在一起玩，双方家庭也很合得来，有心的家长便会让二人拜交。拜交的双方必须是同一性别，所以拜交又有"拜干姊妹"与"拜干兄弟"的不同类型。此外，有的家长会出于"攀门户"的目的，而让自家孩子与大户人家子弟拜交。

在洼子村，常见一种将拜干娘与拜干姊妹、干兄弟相交杂的情形。拜干娘的孩子长大成人以后，已经不再需要干娘为之"压命"，但两个家庭在数年交往中已经形成了良好关系，可能会以两家孩子拜交的方式，使既有关系得以延续。拜交之后，拜干娘的孩子改口称呼干娘为妈，干爹为爸；干娘家的孩子，也开始称对方的父母为爸妈。

（三）婚俗

传统上，婚姻大事是一定要讲究程序的。这一程序比较繁琐，大致包括

“送柬”“请期”“圆房”“送年命帖”“请忙人(操持婚礼的人)”“办婚礼”等。每个程序都要准备一定的礼品。其中,媒人的角色很关键。

村里流传着一句俗语说:“天上无云不下雨,地下无媒不成亲。”家中子女到了一定岁数,其父母就要托付媒人留意,代为物色门当户对之家,这被认为是天经地义之事。如果男方父母打听到一户差不多的人家,也会主动请托媒人到女家提亲,也有极个别的“女追男”的情形。待亲事初定,再请一位媒人,凑为双数,以求吉利。过去,媒人在乡村地位颇高,尊称“高媒”,平时是谁也不敢得罪的。在说媒的过程中,媒人在两边都会受到很好的招待。洼子村有这样几句调侃媒人混吃喝的俗谣:

成不成,三两瓶,无酒亲事难办成。

两场三场喝过了,说着说着没了影。

婚礼上,新人改口,长辈赠红包

一旦说成了亲事,主家就要诚心诚意地“谢好”(酬谢)媒人。同时,男方写好柬帖(订婚书),附带衣料、首饰、化妆品等,由媒人代送女家。女家接到柬帖后回复一份礼品,一般是鱼、艾、盐等物,每样用红纸包好,由媒人带回。此时,男方家庭不仅要设酒宴答谢媒人,还要以钱物重谢。媒人是得罪不起的,因为虽然已经订亲,但能否成婚依然在两可之间。有俗谣说:

送柬送柬，糊弄小孩。

小孩年幼，不知好歹。

父母之命，媒人摆划[1]。

从前乡村的适婚年龄，女方18岁左右，男者不限，少者十二三岁，大者30多岁。20世纪60年代，洼子村一套标准的传统婚礼程序是这样的[2]：

(1)男方请媒人拿着“柬子”(订婚书)到女方家说媒。

(2)说媒成功后，要“送柬子”，即订亲。届时男方请来媒人，提两个“大篼子”(柳条编的篮子)，里面装有“八色礼”，一般是烟、酒、糖、茶、猪肉、鲤鱼、挂面，再加上6身衣服和10双袜子，总称“八色礼”。同时，还要送给女家“压柬钱”(一般是几十块钱至100元)。女家摆一桌宴席，招待“送柬子”的人，最后还要向男方“回篼子”，回的东西是针线(代表“千里姻缘一线牵”)、女方的头发(代表“白头到老”)、面条(代表“长久”)、两支钢笔和两个本子(代表“有文化”)。

(3)订亲成功后，由男方择定婚期吉日(即年月日及时辰)，请媒人到女家通知。此后，女家开始准备嫁妆，男家则要准备“圆房”，即准备家具。订亲成功的青年男女可以自由交往，而不必担心有人说闲话。双方在准备家具、衣装时，有时是需要就具体款式、颜色等进行协商。当时，这一带商业最发达的是博山区，如果村民看到一对男女青年“逛博山”，就预示着他们离结婚的日子不远了。正如当地俗语所说：“前头走，后头跟，不定哪天就结婚。”一对男女青年在“逛博山”后，就不能再有悔婚之举。

(4)男女双方大致备好结婚用物后，男方用红纸写两份“年命帖”，请媒人带上鱼、肉、酒等礼物，给女家送去。“年命帖”的内容，包括结婚日期、时辰，双方年龄、属相、生日时辰，“挟媳妇”(即伴娘)所忌属相，男女接送客人数，“坐时辰”宜忌(如洞房朝向、上下轿时辰和方向、新娘下轿进屋后的面向等)。这一般都是由当地算命先生推算出来的，最后提醒接亲车轿的注意事项，如路遇山、石、井、桥等需用红毡遮蔽等。“年命帖”送去，即候婚期。

(5)婚期前几天，女方把陪嫁的家具、用具送往男方家，名为“送圆房”。男方则开始“请忙人”“请大厨”“请账房先生”。“请忙人”，就是约请操持婚礼

---

① 摆划：当地方言，意为操纵、控制。划，当地方言读“huái”。

② 讲述人：张宏浩，男，洼子村人。访谈时间：2010年2月10日。

的人，一般是家族里通晓礼仪、见过世面的年长者。此外，还要到本村或外村的亲戚家去借“窑货”，凑齐举办婚礼所需的锅碗瓢盆、酒具茶具、勺筷、桌椅等。

(6)结婚的前一天晚上，新郎着盛装，披红，向家族长辈行礼。女子在结婚前，要用交叉的红线绞去脸上的汗毛，称为“开脸”。

(7)结婚之日，一般是用轿迎娶新娘。男方用一乘轿将新娘抬来，俗称“小娶”，去两乘轿则为“大娶”。迎亲花轿不能空着，去的路上先让男方家的一个小男孩坐在轿里，称为“压轿子”，子夜过后出行。到女家后，迎亲的一方会受到女家亲戚带有游戏性的盘诘与刁难，一番好言好语，才能叫开大门。女家早已安排好宴席，热情招待迎亲队伍。

(8)宴罢，新娘头顶“蒙头红”，被人用椅子抬上轿，从上轿直至下轿，俗称“过门”。女家会派送随轿而行的“送客”一对，一人肩挑随身饭，一人拿帘子，一同到男方家中，接受宴请。抬轿的路上，轿子不能落地。行轿途中，凡路过碾、磨、古井、古庙、大树等，都要贴张红纸，求取吉利。

(9)迎亲轿落门前，婆家早以红毡铺地，以火把迎接。新娘由两个“挟媳妇”搀扶下轿，架扶前行。大门坎上放一架马鞍，供新娘大步迈过，寓意平安。院内放有天地桌，先由新郎之父(或祖父)拈香行礼，新婚夫妇行礼(一拜天地，二拜高堂，夫妻对拜)，然后入洞房。

(10)入洞房后，新郎以秤杆将新娘蒙头红挑下(秤杆寓意“称心如意”)，婆母将其兜起来送出。事先特意挑选出来的属龙、属虎的两人，将两双红筷子用红纸包缠于两块红砖之上，置放于大门顶上，其中属龙的居于右边，属虎的居于左边，意指有“龙虎把门”，预示主家将大富大贵。

(11)入洞房后的新娘，按照俗规当天不能下床，俗称“坐帐”或“坐庐帐”。当天晚上，洞房内摆设酒席，陪酒者多是新郎的平辈或晚辈，让新郎新娘饮“合枕酒”(即合卺酒)，尽量挑逗新娘欢笑，俗称“闹房”。

(12)婚后第二天，新娘拜见公婆，称为“下床”。

(13)婚后第三天，女家会派家中长辈推车来接新娘回家小住，俗称“搬叫”，也称“住日子”，并让一个小女孩坐在车上，俗称“压车”。娘家来“搬叫”时，新娘应尽量晚走，以显示在婆家所担当的重要角色与留恋之情。回娘家住几天后，再由长辈送回，此时要尽量早走。俗话说：“要想好，看不见娘家

屋上草；待想富，拱她婆婆穿不上裤。”娘家两次搬叫后，新娘便可以随意回娘家了。

婚宴上，一对新人要挨桌敬酒

近30年来，洼子村婚俗变化较大。自由恋爱的男女，名义上就是“男朋友”“女朋友”的关系，“女朋友”就可以在男家长住，村民不以为怪。不过，真到谈婚论嫁时，还是需要两个介绍人“说媒”。举行婚礼时，传统的抬轿迎娶改为以小轿车代步，用六辆或八辆，以十辆最好，寓意“十全十美”。比较讲究的人家以白色轿车带头开道，寓意“白头偕老”。婚宴多在饭店举行，近年来多有聘请专业司仪主持婚礼的情形，婚礼风格中西兼容。婚后三日，原由娘家长辈来“搬叫”，现在改为新婚夫妇携带礼物到女家的“三日回门”。传统婚俗的繁琐程序大大简化，彩礼多为现金、房产或现代用品所代替，曾有“三金一木”（金项链、金耳环、金戒指和木兰牌摩托车）等讲究。

（四）祝寿

洼子村人很重视为长辈祝寿，一过六旬尤为重视。村民在50岁以内的，逢其生日，家里会改善一下饮食，俗称“做生日”。但只要闺女出嫁了，不论父母年龄多大，都要给父母正式祝寿，这是洼子村延续多年雷打不动的老规矩。前来祝寿的人，都是常来常往的亲戚朋友，不用下请帖，都会在当天

携带礼品早早赶来。为长辈祝寿，在洼子村是已嫁女儿与娘家的常规往来之期，有些祝寿礼物需专由女儿提供，以前是长寿面，现在则是生日蛋糕，除非没有女儿才会由儿媳妇代劳。此外，洼子村有“孩生日，娘苦日”的说法，已嫁女儿过生日，也讲究回娘家，带着丰厚的礼品答谢父母。

村民祝寿，先吃长寿面，再唱生日歌，吃生日蛋糕

在洼子村人心目中，60岁以上年龄逢十都是祝寿的大日子：60岁称“大寿”，70岁称“中寿”，80岁以上则通称“高寿”。不过，村里老人祝寿的前提是其父母都已故去，只要其父母有一人尚在，不管年龄多大都不能过寿。此外，66岁在当地是一个很特殊的年龄，老人过66岁寿日，家人会为他(她)包99个饺子，寓意要活到99岁，已出嫁的闺女还要为老人买一方肉带来，俗称“活到六十六，要吃闺女的一刀肉”。老人过寿这天，子孙外甥、亲朋好友都会携带礼品前来“祝寿”，拜望“寿星”，参加“寿宴”，专门为“寿星”备办“长寿面”，济济一堂，热闹非凡。

洼子村人特别羡慕村里四世同堂、五世同堂的人家，视其为家庭和睦、老人幸福的象征，常说“家有一老，即是一宝”。

(五)葬礼

葬礼是人的一生中最后一个仪礼，洼子村人通过举行场面宏大、仪式繁多的葬礼，表达对死者的不离不舍之情，俗话说“陪×××走完最后一程”。洼子村的丧葬仪式，除了临终陪伴、报丧、吊唁、出殡、下葬等程序之外，在下葬后还有“烧五七”“烧百日”和诞日祭、周年祭、除夕祭、鬼节祭、十月一上坟等仪式，当家人操办，亲朋好友多来参加。

报丧和吊唁 长期重病缠身的老人，一旦出现“回光返照”的迹象，陪伴身边的人就会赶紧通知所有家庭成员到场。人刚去世，亲人不许痛哭，默默为之沐浴更衣，移于灵床上，以“蒙头纸”覆面[①]，点上香，摆好供品。丧家请熟悉丧事者办理丧务，名为“总理”。总理先请亡者配偶安灵，安排好“倒头饭”，碗中插一双筷子，再根据本族尽孝人员的数量安排守灵、迎灵等事宜，将整个丧事安排得井井有条。总理还会根据丧主家的家庭状况，确定排三、排五或排七为出殡之日。若时间安排较短，可派人面报亲友；若时间较长，可遣人分送丧启。先是孝子孝孙祭奠死者，再由助理丧务人员进行参拜，然后接待宾客的吊唁。死者子女，穿白衣日夜守在灵前，遇有吊唁者则跪哭不止。

报丧后，近亲一路痛哭前来吊唁

指路 指为死者的灵魂指明去处。当亲属在为死者安灵之时，总理会安排人买来纸扎的白马放在门口，并在马嘴处放好稻草和水，同时还会拿一件死者生前比较喜欢穿的外套盖在马背上，以让马事先熟悉主人。安灵完毕以后稍作休整便开始指路，指路先在宅院中进行，由长子手拿打狗棒（用

① 据村民说，在死者脸上盖蒙头纸的习俗起源于清朝初年。清兵入关后，一些“遗老遗少”深感羞愧，自认死后无颜见列祖列宗，吩咐后人为其举办葬礼时，要在他脸上蒙一层纸。在洼子村一带，葬礼上使用蒙头纸，就成为该家族是“诗书礼义”之家的标志。到出殡时，把蒙头纸取下，等下葬后压在坟顶上，称“坟头纸”。以后每次上坟时，都要压“坟头纸”。

带刺的酸枣树枝做的棍子)，站在一张椅子上面向西方，以手指天大声呼叫家中(家里没有则找族里)早亡的孩童的名字，让他来牵马引路送爹(或娘)顺利上西天朝佛。如此连喊三遍之后，意味着死者的灵魂已随之西去，此时需用白纸贴封住宅大门两边，谓之“封门”，以防止死者去而又返。之后再将白马在门外大街上烧掉，同时泼“倒头汤”。指路的时候，随着长子大喊三声，亲属才可以出声痛哭，民间传言，若是在此之前痛哭，死者魂魄会顾念家人子女而不忍离去。

送浆水 过去，洼子村一般在第二天晚上举行殡典仪式，殡典即给亡者饯行。在土地庙前设祭，乡亲族人都来摆供行礼，并有吹鼓手奏乐。丧主祭奠，须以 100 个水饺摆供，并在祭后分送给执事人，不能自家带回。20 世纪 50 年代后，废除了殡典仪式，其他规矩照旧。在出殡前的日子里，改为每天早、中、晚三次到村里土地庙送浆水。后来土地庙被拆毁，村民仍有到土地庙原址地面送浆水的，或干脆就在灵前奠浆水。

报庙送浆水

出殡 首先是殓棺，由殓棺人将棺材封闭，抬出。孝子(长子或长孙)手执白幡率一众孝子孝孙，披麻戴孝，手拄哀杖，随棺而行。前有众外甥花圈引路，后有吹鼓手奏乐不停，哭声震天。当棺材抬出门落地时，长子或长孙行“打瓦”之礼。一出村头，便有女婿进行“拜路祭”仪式。将棺材抬到墓地后，由本门兄弟子侄进行墓祭。

圆坟 出殡后第二天，子女亲属到墓地整理坟头，称“圆坟”，回来后张贴吊丧单。以后每隔7天，由儿子、儿媳、女儿身穿孝衣前往墓地祭奠、上供、烧香、焚纸。其中“烧五七”是比较隆重的祭奠仪式。洼子村讲究“短五七，长百日”:“烧五七”仪式到底定在哪一天，要看死者有多少子女，每多一个儿子就要在35天之数中减去2天，每多一个女儿则减去1天；在以后“烧百日”时，则要将相应的天数加上后延。“烧五七”时，孝子孝孙及亲友都要参加，同时要扎制各种冥器焚化，如金山银山、亭台楼阁、撼钱树、聚宝盆、橱柜箱笼、茶具酒器等。如果死者是女性，还须扎制金牛和牧童。① 近年来，纸扎中又增添了彩电、音响、冰箱、电扇、电话、手机、摩托、饭橱、轿车等，另有美元、日元、英镑、马克等外国币种以及出国护照等。购买这样一套纸扎用品，要花费六七百元。当地有几家“花圈店”，为抢纸扎生意，采取了卖纸扎附赠“烧五七”诵词的办法。“烧百日”后，丧事才算完毕，以后就改为每年一度逢忌日上坟了。

从洼子村葬礼仪式中不难看出，村民追求的是一种超越生死、永恒存在的生命理想，而家族的生生不息、传承久远，则是实现这一理想的前提条件。于是，结婚生子、传递香火就成为每位男性成员对本家族应尽的义务，以此为基础，“会做事，会做人”是一个人生活体面的标准，而事业成功、道德高尚则应是每个人终生奋斗的目标。2004年8月24日，是洼子村一支张家人为已故村民张宏淮“烧五七”的日子。现场有供“烧五七”时孝子所用的两份诵词：一份是热心亲友帮助找来的一份手抄版，另一份为出售“撼钱树”等纸扎用品的花圈店所附赠。诵词将上述人生理念表达得淋漓尽致。

亲友所赠手抄版，标点符号俱全：

烧五七

万宝楼，五七修，
俺娘住在楼里头。②
摇钱树，五七栽，

① 村民解释说，传统观念认为女性不洁净，要流很多脏水，而牛是专喝脏水的。村里流传一段俗谣说：“小黄牛，车后拴，陪着妈妈到阴间。碰着井，喝个猛。碰着湾，喝个干。”

② 因村民张宏淮为男性，家人当时将词中的“娘”字划去，改为“爹”字。

树大根深长起来。
树也长，钱也长，
长那黄金成万两。
看树仙，看树童，
好好看着这棵树。
冬换棉，夏换单，
五黄六月换长衫。
看到九万九千六百年，
亲戚朋友来借钱。
问问本人他同意，
要碎金，有碎金，
要碎银，有碎银。
不相不识来借钱，
钢鞭打出他三丈三。
俺家房，俺家住，
俺娘住在里头去修炼。

罗村镇花圈店所赠复印版，无标点符号：

烧五七

楼

五七修上万宝楼
俺　住到楼里头[①]
摇钱树　五七栽
栽到俺　楼两边
树也长　钱也长
金银树上落凤凰
凤凰住上窝　金银结的(得)多
凤凰展翅叫　金银往下掉
摇钱树　五七栽

① 此行空余一字，供主家根据死者身份选择“爹”或“娘”字。

枝叶茂盛长起来
看树童　保管好
结那金银用不了
看树童　看树仙
你和俺　结善缘
好好看好这些树
不愁吃　不愁穿
冬换棉　夏换单
一年四季保周全

填　柜

明朗朗　黄朗朗
闺女儿来填柜箱
金银填上没有数
黄金填上万万两
两把钥匙一起开
不开不用装起来

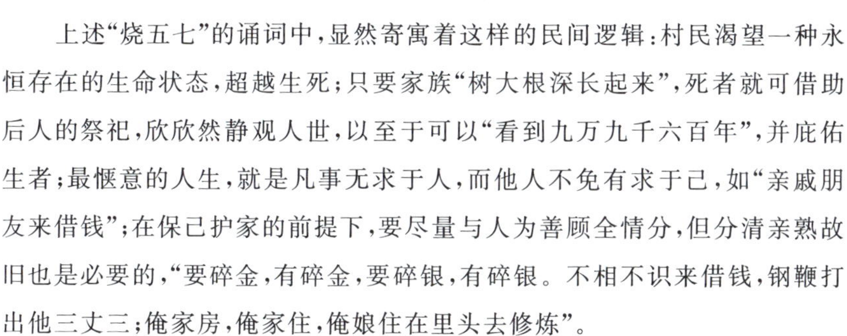

上述“烧五七”的诵词中，显然寄寓着这样的民间逻辑：村民渴望一种永恒存在的生命状态，超越生死；只要家族“树大根深长起来”，死者就可借助后人的祭祀，欣欣然静观人世，以至于可以“看到九万九千六百年”，并庇佑生者；最惬意的人生，就是凡事无求于人，而他人不免有求于己，如“亲戚朋友来借钱”；在保己护家的前提下，要尽量与人为善顾全情分，但分清亲熟故旧也是必要的，“要碎金，有碎金，要碎银，有碎银。不相不识来借钱，钢鞭打出他三丈三；俺家房，俺家住，俺娘住在里头去修炼”。

四、衣食住行

（一）衣

在穿衣打扮方面，洼子村人向来以朴素为荣。大致在 20 世纪 80 年代，村民生活发生了较大变化。但在村民口述中，却总是说“解放前如何”“解放

后如何”，实际上在很多时候是以 20 世纪 80 年代为界线的，当他们说“以前如何”“现在如何”的时候，也是如此。

在洼子村人的口述中，全村人的日常服装曾经以粗布衣服为主，一年四季只分单衣、棉衣两种，只有极少数富裕人家才穿秋衣，一般人家一件衣服要穿几年、十几年，所谓“新几年，旧几年，缝缝补补又几年”“补丁摞补丁，凑凑合合又几年”。到 20 世纪 50 年代，更加舒适贴身的细布已经基本取代了土粗布；60 年代，人造棉布兴起；70 年代，随着当地化纤纺织厂的增多，化纤布成为村民最主要的制衣材料；80 年代以后，毛呢料开始流行起来，衣服种类也不再简单地分为单衣和棉衣，线衣、毛衣、绒衣、羊毛衫等种类纷至沓来。以前，村民一般是去镇上集市买布，再找村里裁缝量身定做衣服。90 年代以后，随着商品经济的兴起和市场经济的成熟，村民开始去镇上或县城的服装店购置成衣，城市中流行的新潮服饰也渐渐地被洼子村人接受，村里原有的几家制衣店不知不觉中都已关门改业。现在许多家户都蓄有绒衣、毛衣、羽绒服、皮衣等，以备一年四季穿用。以前时兴戴帽垫子、毡帽（分红、黑两色），脚穿平布鞋、拉尖鞋、白布袜子等。现在，线织袜逐步代替白布袜，还兴起了花色样式非常新颖的尼龙丝袜。以前的服装多为手工缝制，如单裤、单褂、棉裤、棉袄等。村民习惯扎绑腿，上坡干活或出远门都方便。就上衣来说，传统上村民男上衣多为对襟，比较讲究的穿长衫（大褂子），老人习惯穿大襟袄。女上衣都是大襟，结婚时兴扎一道围裙，是持家妇女利索能干的典型打扮。

20 世纪 50 年代以来，服装样式变化较大，青年男子喜欢穿制服，多为中山装、国防服、青年服、学生服、铁路服等；60 年代，男青年时兴穿小大衣、大衣；70 年代，流行穿解放军军服、仿军服，甚至一度流行在热闹场合“抢军帽”的习俗；八九十年代，运动装大受欢迎；再后来休闲服装日渐增多，几乎是一统天下。问及当下着装习惯，按照村民自己的话来说，就是“萝卜青菜，各有所爱”，穿衣风格已与城市无异。

（二）食

20 世纪 80 年代以前，洼子村吃的主要是以玉米为原料制作的煎饼，辅以咸菜，后逐渐过渡到以面食为主；现在以馒头最为普遍，菜肴则趋于多样，口味偏咸。一日三餐，村民明白“早饭吃好，午饭吃饱，晚饭吃少”的道理，但却未必落实。一般来说，早饭比较随意，最常见的是豆浆油条或是挂面，配上几种咸菜，鲜豆腐也是早餐桌上的寻常之物。目前村里有好几家豆腐坊，仍然供不应求，买豆腐必须要早起，5:30以后就基本上买不到了。午饭讲究有粥有菜，但求量不求质。粥主要是小米粥、大米粥、玉米面粥、小米面粥等。菜多为时蔬，一般只炒一个，但要量大。晚饭是最讲究的一餐，各家往往要多做几个菜，或是添加荤菜。宴请宾客朋友，也喜欢安排在晚餐时间进行。总的来说，当地口味偏咸，味重，讲究上色，因此酱油、盐、辣椒、花椒、蒜、葱都是不可或缺的调味品。

(三)住

20世纪80年代以前，洼子村的住房多为两户或三户同居一院，一般是土坯平房，极少有砖瓦房。全村只有两处砖瓦房四合院，其中一处串联式四合院很有特色，一宅四院，长期居住着八户人家近50口人。四合院是该村宅院建筑的基本类型，以北屋为上房，东西屋为厢房，南屋为配房，大门多建于东南角，厕所、牲畜栏圈多在西南角，俗称"东南门，西南圈；进了门，就做饭"。80年代以后，一户一院的类型占了大多数，时兴在北屋正房带护廊，两边挂耳房。房屋建筑材料以砖瓦为主，墙壁抹一层水泥，有条件的人家还会在外层贴上瓷砖。村民对住处大门讲究颇多，讲究高大气派，大门之上镶上题有吉祥语词的匾额，大门之后还要有内门，在大门和内门之间封顶，两边垒墙，类似一座两边开门的小房子，当地人称为"门楼"。自90年代开始，村里统一规划宅基地，村民多建两层楼房。2012年起，村委会在村东已倒闭的砖厂的旧址上，盖起四座居民楼，各有四层，已是典型的水电、地暖、天然气、光纤入户的现代型社区风格了。

(四)行

以前，村民亲朋往来与赶集外出多为步行，老弱妇幼出门多用驴驮，少数用独轮小车接送。前些年，洼子村村内主要干道因年久失修，路况不好，村民出行极为不便，"村之通衢，年久失修，坎坷崎岖，晴则尘土飞扬，雨则泥

淖不堪，父老患之久矣"[1]。后来洼子村村委会集资30多万元，于2010年3月重修贯穿整个村落东西的主街，解决了村民出行难题。洼子村距离淄川区中心约13公里，距离火车站所在地张店约15公里，村中虽无直通市区的公交，但邻村都有班车，所以出行较便利。近年来，三轮车、电动车、轻便摩托车已是村民常用的交通工具，家用面包车、小轿车也已不是稀罕之物。就个人交通用具而言，村民仍以摩托车和电动车为主，几乎每家每户都至少有一辆。

① 张士闪：《洼子村修路纪事碑》，2010年。

第四章 拉呱唱曲

青石街，砖瓦房，古树，沟壑，清泉，远山……是洼子村人记忆中久远的景致。直到20世纪80年代，这个鲁中山村的生活环境还是比较封闭的。此时，村民依然是年复一年地守着几亩薄地劳作，春种夏长，秋收冬藏。闲暇时，人们常常聚在一起拉呱、唱小曲，年景好的时候还会排戏演戏。自娱自乐之中，平淡而朴实的山村生活增添了不少韵味。

一、上街拉呱

洼子村人喜欢凑在一堆拉呱，拉呱的地点可以在大街上、家门口、院里、堂屋或是田间地头，但最典型的还是在大街上。特别是在冬天，一些老人提溜着马扎，在大街上寻一处避风朝阳之处，暖洋洋的，就着一个或老或新的话题，兴味盎然地细细言说，反复咂味，你一言我一语地磋商，声音忽高忽低，表情时而严肃，时而舒缓，悠然闲适。亲友间礼尚往来的喧闹宴席，日常劳作中的田间地头，村里街头巷尾、磨房井边，都是拉呱的好场合。过去，到了饭点，很多村民还会端着饭碗蹲在自家大门口，跟对面邻居打个招呼，边吃边聊，津津有味。就连下地劳作的路上，相互遇上了，也得聊上几句。这种闲谈是开放式的，人们可以随时加入，随时抽身而去。拉呱的内容可以是

个人见解、独抒胸臆，也可以只是信息传达，哪怕人云亦云。拉呱的表达形式，可以是讲说，也可以有唱吟，还可以“手之舞之，足之蹈之”；可以是顺口溜式的韵文，也可以是日常口语化的散句，韵散结合更是常见。一般说来，那些能够熟练使用文字、见多识广、德高望重的村落精英，会成为拉呱中的主角。

村民喜欢聚在大街上拉呱

在拉呱中，拉呱者还会自觉不自觉地建立起自身与所谈事件之间的联系。如果是近几十年间发生的重要事件，即使自己当时并未在场，但参与闲谈得久了，往往也在记忆中变成了在场者。因为在偌大的村落公共事件中，不在场显然是有些不够体面的。有趣的是，经常一起拉呱的伙伴是绝不会戳穿或纠正这样的记忆错误的，尤其是当着外人的面。比如，对于20世纪70年代中期洼子村与河东村之间发生群斗这一事件，很多村民都会努力表明自己与事件之间的直接联系。好在每一次拉呱的主题并不单一，也不一定要一以贯之，有时候是要辨析当时的某一细节，有时候纯为琢磨一种趣味。一遍一遍地述说与回味，加深了所有在场者的现实关系，并逐渐确定了各人在某一集体记忆的位置和角色，虽然这一切也还并未定型。时间久了，往往具有更多话语权的不一定就是亲历者，而可能是有见识的或善于讲故事的人。

就话题来说，拉呱可以分为两类：一是讨论事情及细节的有无，二是评判事情的对错。前者是要辨清“真相”，后者则指向“事理”。时过境迁，辨清“真相”很不容易，甚至经常是不可能的，其实也没有那么重要，更重要的是弄清楚其中的“事理”。村落的历史记忆，也正是借助村民之间多人多次的拉呱，而得以形成或定型的。在洼子村，判断某人是“明白事理”还是“不明事理”的标准，既根据具体的“事”，也根据常规的“理”，有时还会涉及“老礼”。在村民看来，“讲理”与“讲礼”是有所不同的，因为“理”与“礼”不同。大略言之，“理”是关乎现实公平、相处智慧的生活技术层面的常规道理；“礼”则指向一种早被古人多次验证了的至理名言，是不证自明的“真理”。

拉呱的气氛是轻松愉快的，内容几乎无所不包。上至军国大事、区域历史，下至村落、家族、邻里琐事；可以是神鬼精怪传说，也可以是农谚、歇后语之类的短语；可以是与当地社会有关的篇幅较长的伦理故事，也可以是来自遥远世界的篇幅更长的大段史诗。往往越是仅在邻近数村小有影响的事件，或是村内某家某人的某件小事、某句话，越容易被咂摸出意味深长的趣味，而成为拉呱中频频被引用的“经典”。总的说来，洼子村的拉呱具有很强的地域性色彩，离开了本村，外人就难以领悟其神韵。比如，在形容某人说话滔滔不绝、很有条理时，村民会说他是“博山[①]地摊上的茶壶——一套一套的”；村里某家娶媳妇，新娘子在婚礼上十分羞涩，就流传下一句“××的媳妇，王村[②]的醋——越酸越值钱”；表示某事出现意外难以为继时，会说“南韩村的电影——不照了”[③]；感到大事不妙时，村民喜欢说“罗村人民广播电台——不屌不屌”[④]，或者干脆只说“不屌不屌”，大家也就会意；等等。每一

---

① 博山是山东省淄博市下辖的一个区级建制，为国内著名的“瓷都”之一，以生产日用陶瓷著称。博山区在洼子村西南，相距约25公里，洼子村人使用的一般都是博山瓷具。

② 王村在洼子村正西约30公里，是山东省淄博市周村区下辖的一个镇，为省内著名的食醋产地。

③ 南韩村是洼子村的北邻，相距不足1公里。20世纪70年代初，南韩村放电影，附近数村人前往观看。放映期间忽然停电，众声汹涌，南韩村电影放映员情急之下向众人解释：“今黑夜停电，咱村的电影不照了！”此事至今仍传为笑谈。

④ 不屌：当地方言，意为不妙。罗村在洼子村西南，相距约1公里。20世纪70年代初期，该村女广播员为了每日早起广播方便，将村里大喇叭安置在自家院里。因丈夫参军长期在外，她养成了每日早起后先打开喇叭按钮、稍事洗漱就开始广播的工作习惯。有一次她丈夫回家探亲，不知内情，想跟她开个玩笑，便对着大喇叭拿腔作调地用普通话向她“表白爱情”，被全村人听了个清清楚楚。女播音员急火火地再三示意，丈夫终于明白，情急之下冒出一句方言：“不屌不屌！”

句短语的背后，都是一个意味深长的传说故事，并蕴含着一些警世化人的人生道理。此外，还有“一块西瓜皮”“好狗通人性”“罢了”“狐狸朋友”“窦光鼎赴宴”“罗成大战黉土埠”“海州酸枣”“王小官巧封‘引龙侯’”等故事。[①] 下面抄录几则：

一块西瓜皮

这是发生在大清朝光绪年间的一个真实故事：两亲家为了一块西瓜皮而告到官府，历时一年有余被一贪官盘剥巨额钱财后，两败俱伤。他们两家各三四百亩地的家业毁之殆尽，走上了末路穷途。

话说大清朝光绪年间，慈禧太后专权，闹得朝野上下政治腐败，贪官污吏横行乡里，世道昏暗，民风败落。咱这一带乡里有一家姓王，一家姓韩，是一对门当户对的儿女亲家。王家有地360亩，骡马牲口10余匹，牛羊成群。王家是咱这一带有名的财主呀，平日里家居楼阁厅堂，花园亭榭，样样俱全。姓韩的家有50亩良田，也是高楼大厦，家财万贯，生活很是富裕。

就有这么一天，两亲家相聚，酒足饭饱之后，各夸其富，相互之间有点不大服气。王某对韩某说：“我现在有羊三群，哪一群都有百十只。你没有吧？这样吧，卖给你一群！现在咱就到山上去看看，你相中哪群要哪群！”两人趁着酒兴出门上山。因为在家里都没有喝够水，两人走到半道上就都有些害干渴（口渴）了。都正害着渴呢，正好在路上就有那么一块西瓜皮在那里。韩某拾起来就往自己嘴里放：“吃点西瓜皮吧！”没想到走在后头的王某看到后，不尴不尬地说了句：“亲家，像咱这么有头有脸的人，能吃那块人家吃剩了丢下的西瓜皮吗？”韩某说：“对啊。”就随手把那块西瓜皮又放下啦。韩某走过去，后面跟着的王某过来马上拾起那块西瓜皮就吃了，解了急火火的干渴，心里就别提那个舒服劲儿啦，就“嘿嘿嘿”地乐起来。韩某回头一看，王某已把西瓜皮吃了，立马就火冒三丈，大骂王某不是东西：“你不叫我吃，原来是你想吃！”此时他又渴又气，便对王某说：“我不要你的羊了！”一扭头就回了家。

---

① 参见王永亮主编：《锦川河》，远方出版社2004年版，第171～183页。这些故事为洼子村人所熟知，但他们在拉呱中常有不同的阐发。

回家后，韩某越想越生气，便对他的儿媳说："你爹把我气死了，我要到城里告他去。"天明备好马，骑马就进城了。公爹走后，韩某的儿媳妇——也就是王某的闺女——就马不停蹄地回了娘家，对她爹说："我公爹也不知为了什么，说是到县衙告你去了。"王某听后对他的女儿说："他还告我，我还要告他呢！讲好了卖给他一群羊，走到半路上就变卦不买了。不讲信用，我也去告他！"说完也骑上马往县城赶去。

王某到了县衙后，问那些衙役："有没有一个姓韩的来告状？"班头说没有。王某就牵着马到了西关。① 正巧看到韩某在一家饭馆吃饭，就走了进去。这边韩某正一边吃着饭，一边心下里犯踌躇——还能真打官司吗！一抬头就看见王某走来，赶忙说："来，坐下咱喝两盅。"王某说："亲家，你不是来县衙告我吗？"韩某说："亲家，你急什么，咱吃完了饭再去不迟。"两亲家又坐到了一块儿，你一盅我一盅地喝起来。

等吃饱了，喝足了，两亲家就一块到了县衙，击鼓告状。你说以前的人就是这么个犟脾气，仗着自己有点钱，心里想："我这辈子别的都试过，就还没打过官司！你觉得你能，我比你还能哩。咱两个比比到底看是谁能！"两人都这么想，杠上劲儿了，就打了这场官司。

既然有人击鼓，县官就升堂传击鼓人。三班衙役带他二人上堂，说："击鼓人带到。"二人跪下。县大老爷往下一看，是两个乡巴佬土财主，把惊堂木一拍说："你们两个哪个是原告？"王某、韩某都说："我是原告，他是被告。"气得县大老爷一拍惊堂木，大声呵斥道："你们二人都是原告，难道老爷我是被告吗？"二人这才不争了，又开始互相谦让："亲家你先说，亲家你先说。"县官一听，问他俩："你们是亲家？""是儿女亲家。"县官指着韩某问："你先说，为什么告你亲家？""就是为了一块西瓜皮……"韩某就把事情的缘由述说一遍。王某也把告韩某的事由说了一遍。

县官一听，心中暗想：这两个乡巴佬土财主，没事找事，自己送上门来了。可不能放过这两个财神，我得好好收拾收拾他俩，榨点油水。于是，就把惊堂木重重一拍，发话了："王某，你先回去听候传唤。"等王某

① "西关"位于淄川老县城的西边，是传统淄川大集的所在地，逢一、逢六开集，直到现在仍十分兴盛。

下堂回家后，县官对韩某说："你被你亲家欺骗，没吃上西瓜皮，这口气你咽不下去，本县可以给你出这口气。但是你不讲信用一事，也不好断你为胜诉，你得破费破费，本县也好与你做主。"韩某就以为这算是吃上了定心丸，赶紧告辞回家，点好银钱，第二天一大早就送进县衙里去了。韩某的儿媳妇听说公爹已送钱去行贿县官，就赶紧回娘家和她爹说了这事。王某听了，也备上银钱准备去见县官。正好县衙派人来传他呢，就跟着衙役来到县衙。县大老爷升堂问案："你亲家告你骗吃西瓜皮，可有此事？"王某回答："是事实。"县官说："为了一块西瓜皮欺骗亲家，这就是你的不对了。再说你这样的富贵之人，怎么能吃那块人家丢了的西瓜皮呢？有失身份！不过，你告你亲家不讲信用，可也有理。你得上下打点打点，本县方能为你出这口气啊！"王某放下心来，随即把银钱奉上，喜滋滋下堂回家等候判决了。

王、韩两家的官司就这样较上了劲。隔三差五，两人就去问一趟，给县官送上一份厚礼，催促县官给判个是非。但县官始终没有一个明确的判决。就这样过了一年多，王家的360亩地全部卖光，宅院也卖给了别人；韩家也折腾得倾家荡产。从此以后，两家断绝了亲戚，并规定今后永不结亲，直到现在。

好狗通人性

姜菊子是以前的一个叫花子头，生活在光绪年间，死在1936年，是淄川县正东乡大王村人，也就是现在咱们罗村镇大王村的人。他别的没什么好说的，就是养的那条狗很通人性。

在姜菊子爷爷这一辈上，还是家有六七十亩地的大户人家。他父亲吃喝嫖赌，不务正业，这份家产很快就败落个精光。父亲去世后，只剩下姜菊子一人讨饭度日。姜菊子在社会上还算混得不错，当了一个叫花子头。他养了一只狗，终日与狗为伴，形影不离，吃住都在一间屋里，日久天长也就有了一种特殊的感情。

当时的姜菊子在咱这一带很有名气，四乡八里都认得他，各村只要有红白喜事他都到场。比如，有人家娶媳妇，就会给他一壶酒、两个菜、两个馍馍，他就当场吃完，或拿上就走，道一声谢再到别家。一般是他喝酒吃菜，两个馍馍给狗吃。有人家发丧也是如此。如果遇上大户人家出大殡时，他去后就被安排在大门口，手持那根黑色打狗棍站立护门，一日三餐酒饭管用，待发丧后还要给予酬谢。日常间，那只狗始终与他相伴。如果到家户里去讨饭，他从来不进家门，都是那只狗进去“讨要”，主家只要看见这只狗，就知道姜菊子来了，都主动给予食物。就这样，姜菊子与狗为伴，同一帮穷叫花子为伍，活到70多岁。

姜菊子死在冬季。邻居们好几天没见他出来，只有那只狗有时出来一趟，很快就又进去。几个人估摸着姜菊子怕是这回够呛，进去一看，果然咽气了。大家找来一个薄棺材把他放好，在他祖坟上刨坑安葬了他。那只狗一直看着他的主人被安葬好，就领着人回到家，跳到炕上，用腿在炕上乱刨。人们把席子掀起来，看到里面还有几个钱。大家就说：看来还不白用咱们，那就买点菜、打点酒喝一场吧！大家分头备办。之后，那只狗就回到姜菊子的坟上，趴在那里一动也不动。任谁去喂它，既不吃也不喝，甚至连眼珠子都不转动一下，一连五六天都是如此，就这样活活地饿死了。村民就在这里刨了一个坑，把狗埋在了姜菊子的坟边。

这可是个真实的故事，不是编造的。狗是六畜之一，不会说话，也没上过学堂，还能明白忠孝义理，何况人呢！

罢　了

咱们这一带流传着一句坎子——也就是歇后语——说：“南贯寺那和尚——罢（耙）了。”说的是明朝末年，在咱罗村镇西官庄，出了个做尚书的大官叫仇维祯，“官庄”这个村名就是这样得来的。他当了尚书以后，就狠狠报复了当年在他小时候欺负他的南贯寺的那些和尚。

那时，在西官庄村南头有个很大的寺院，叫南贯寺。这可是个富庙，寺里大小和尚200来号，庙田很多。寺里撞钟的时间都是有讲究的，什么时候开始诵经，什么时候集体开饭，都是以钟声为准。仇维祯小的时候，家里很穷，穷得经常吃不饱饭，但他还是一心读书。那毕竟是个正在长身体的孩子呀，经常饿得难受，他家离南贯寺很近，就常去寺里蹭饭吃。后来他就发现了一个窍门：只要寺里到了撞钟开饭的时候，他就赶着去吃个饱饭。时间一长，寺里和尚都很不高兴，抱怨说：“这么个穷小子天天来吃白食，谁有闲饭长年供应他！”相互一商量，改为饭后撞

钟。听见钟声，这小孩来到寺里，和尚们已经开过饭了，只剩下残汤剩水。接连几天顿顿如此，小孩就知道是和尚成心作弄他了。他嘴上不说，心里就算记下仇了："这么大个庙，还在乎我一个小孩子来吃口饭，竟想出这种办法来对付我！等我日后出人头地，非得给你们点颜色看看。"

小孩子在发愤苦读中渐渐长大，进京赶考，中了进士，留下做了京官，后来升到户部尚书。他人在京城，有时候想起当年在老家受的南贯寺和尚的窝囊气，还是恨得不行，只是没有机会回来报仇。有一天，皇帝和他闲拉呱："仇爱卿，你那家乡可有什么名胜古迹，不妨对朕讲说一方，以饱耳福。"仇维祯略一合计，便躬身答道："启禀万岁！臣家乡并无甚名胜可言，唯村南有座南贯寺，住有僧人200多名，房屋成片，良田千顷，日常吃穿用度无所不有。委实是有啊！"意思是确实富有。当皇帝的什么没见识过！听着听着也就没了兴致，只是眯缝着眼睛虚应了那么一句："有——罢了！"意思是确实富有，不必多说了。没想到仇维祯突然跪倒在地，高叫："领旨！谢主隆恩！"然后匆匆告辞，火速自京返乡。他把南贯寺和尚全部集合起来，历数其罪状，并宣布皇上口谕："全部用牛耙了！"你知道，在咱这一带，牛不读"níu"，要读"yóu"。也就是说，"有"与"牛"同音，"罢"与"耙"同音。仇维祯就借用这两个谐音字，找到了报仇的借口。于是，南贯寺和尚遭殃了。一个个被埋在寺外的平地里，只露出光秃秃的脑袋。仇维祯吩咐人套上犁耙，赶着牛来回这么一拉，立时满地血肉模糊，和尚们全被耙死了。

仇维祯报复和尚这事确实做得狠了点。但据说他还算是个忠臣清官，没有投降清朝。他是在南京做的尚书，当时南明灭亡后，他在一片乱纷纷中带着国家玉玺回到老家，打算找机会扶持着明王朝的后代东山再起。后来，满清派人找过来了，请他献出玉玺出任高官。他没有答应，只是用布包了玉玺隔着院墙扔出来。从那以后，清朝也没人再来找他的麻烦。还有，当初他被南贯寺和尚作弄得捞不着蹭饭吃的时候，中午就只能漫山坡找酸枣这类东西吃，然后早早地回学塾学习。当时他的学塾先生就是咱洼子村人，对他每天中午晚走早来感到奇怪，又问不出个结果。有一次偷偷地跟在他后面，才发现了这孩子的秘密。从此，这位老师就对他特别照顾，中午还分饭给他吃。仇维祯当了尚书以后，也不忘他洼子村的这位老师，专门把他接去，让他担任自己的师爷。尚书的师爷谁不敬重？而且经常有一些送礼托他办事的。仇尚书早就观察到老师一身书生气，不是做官的料，估摸着他收的礼金差不多够养老的了，再加上时局艰危，就好言劝慰着老师回家养老去了。老师都盼望着学生好，学生哪有不善待老师的！师生二人最后都得善终。

洼子村不见文字、仅仅口口相传的故事也有不少，主人公往往都是邻近村庄有名有姓的人物。如有个故事就发生在南邻的河东村：

打官司

河东村有个大地主，叫王作远，他和一个叫张利己的人闹了矛盾，然后就打官司。张利己这个人身大力气大，讲道理。王作远很势利，往县官那里塞上钱了，打官司的时候县官就向着他。张利己生了气，就扬言说：要是有一天放我出去了，你王家的大人小孩我给你杀个干净。王作远就不停地往县官那里送礼，县官就狠狠地惩罚张利己。他（张利己）就是不服，就这样一直把地主家里拖穷了。县官有一次支下十三张煎饼鏊子，烧红了，让他从上面走，县官的意思呢，是叫他认个错，这事就算完了。张利己一声不吭，就在第一张（鏊子）上站住了，待了一会儿，竟然“吧唧吧唧”地走到头了，然后还对着那县官说：“叫我声天爷，我再搭上一趟！”到最后，他还是死在了监狱里。①

既有喜好拉呱的风气，洼子村人说话时常常引经据典，喜欢说一句藏半句，话里有话。在外人听起来，就是正经中带几分虚夸、辩理时加几句玩笑的说话风格，有几分“穷酸气”。不过，洼子村人我行我素，断定外人是难以理解其智慧的——无关利害时，大家开开玩笑，找点趣味；需要解事解纷的时候，哈哈一笑中，能够避免尴尬，或许就会峰回路转，有效地化解矛盾。难怪，伦理故事在洼子村拉呱中占了绝大多数。谈天说地终归处事礼法，鬼言狐语不离世俗情性。

洼子村人评论拉呱，有“看景不如听景，听景不如说景”的说法，是指在拉呱中，“怎么说”常常是比“说什么”更重要的。村民张宏清，不仅故事知道

① 讲述人：张宏清，男，洼子村人。访谈时间：2015年2月8日。

得多，而且善于表达，讲起故事来眉飞色舞，很富有感染力。他最擅长的，是讲述各种鬼神精怪的故事[①]：

鬼欺老实人

有两个小鬼是好朋友，一个很富，另一个很穷。一天，那个穷的就问那个富的："咱俩这么好，你看为啥你怎么这么富，我这么穷呢？"那个富的说："我有个宝贝，是个砂锅啊。""你这个砂锅怎么用啊？""你把它扣在人的头上，那人就中了邪，回到家就给你上供，烧纸。这样，我就有吃有喝的了。"穷的说："哥，你看咱俩这么好，你借给我用用吧。""行啊。"

穷鬼就拿着砂锅来到了外面，此时正好是秋季，他在庄稼地里等了一下午，也没看见个人。刚想走，听着是有个人过来了，拿起那砂锅来就往那人头上扣。谁知这人手一扒拉，就把那砂锅打到了地上，碎了。结果，他不但没扣着，还把那砂锅打破了。他回去和富鬼说了经过。富鬼怼他说："你倒是去找那些病恹恹的人啊！你说他一个小伙子，又喝醉了酒，你能扣住他吗？他不给你打烂了才怪嘞！"

神怕强人(一)

一个人过河，看见河上没有桥，河岸上有一个庙，他就把那神像搬出来踩着过河。又有一个人从这儿走，看见了，说："这是谁啊，把神像搬到这里踩着？"于是就把神像搬回小庙里去了。这人和神说："你不会打灾(降灾)给他啊？"神说："他又不信神，我没法打灾他啊！"

神怕强人(二)

一个拾粪的人，喜欢做好事。那时候在路口都有小庙，里面有个小煤油灯，一个小碟盛着油，他经常往里面添油。一天他看见那灯不着了，油也少了很多，就寻思谁来偷油啊。他就在那等着。到了半夜，忽然进来了一个黑影，他一下子摁住说："我可逮住你这个偷油贼了！"对方说："你放开我，我是土地爷啊！"那人问："你是神你咋还偷油呢？"土地说："你看我这身上这疤，很紧巴，我抹抹它舒服啊！这是你村里那财主盖屋的时候给我刨的，你得帮帮我才行。"那人说："我是个凡人，怎么帮你这神啊？"土地说："那谁谁现在正是兴旺的时候，哪一天他家的母

---

① 讲述人：张宏清，男，洼子村人。访谈时间：2015年2月8日。

驴生小驴，长八条腿，四条朝上，四条朝下，你不是拾粪嘛，你就说‘你要倒霉了’，我就趁着你这句话打击他。”到了那天，拾粪的从财主家门那里走，听着里面驴叫唤。财主敞开门，拉着他往后院走，一边走一边说：“俺那驴生的小驴，有八条腿，四条朝上，四条朝下，说明我还有八十年的好运啊！”拾粪的一听，这话没法给他加，人家财主都已经那样说了，你就没法加了。晚上见了土地，就说：“你说的那话我加不上啊。进了门，人家就和我说人家还有八十年的好运，我没法开口，也没法加啊。”土地说：“是啊，他就是还有八十年的好运，现在没法治他啊！”

张宏清讲故事，往往会结合这一带最近发生的一些事，即兴发挥出趣味，引得人们哄笑不止。2014年冬，他曾在传统故事中穿插了这么一则小故事：

秫秫地里打煞人

外出念书回来的儿子说话撇腔拉调，让老汉很烦。下午要带着他去锄地，儿子问：“爹地，这锄地是什么工种？”老汉生了气，不作声。到了地头，儿子又问：“啊爹地——这满山坡绿油油的植物，属于哪一科？”老汉更生气了，想起上午儿子给他丢脸的一件事，就气鼓鼓地问：“你上午怎么惹你大爷生气的？”儿子回答：“伯父问我什么时候到家，我答‘昨儿晚上’。”老汉一听顿时就骂开了：“坐了碗回来，你还坐着盆回来哩！”抡起锄把朝儿子屁股上狠命地打，儿子情急大喊：“娘哎——大白天秫秫地里打煞人啦！”老汉一听笑了：“你早这么说话不就行啦。”①

无论是趣味故事，还是鬼怪传说，在洼子村都流传甚多，村民在拉呱中都是可以现场发挥的。拉呱，一般都以可资借鉴的经验或教训结尾，有明确的褒贬倾向，可谓“卒章显其志”。这种泛道德化的特色，意在彰显传统的价值，这与村民对本村“文化村”的自我期许是契合的。可以说，拉呱在洼子村发挥着记忆历史、化解纠纷、统合伦理等功能，使得并不富裕的山村生活别具悠悠韵味。

① 讲述人：张宏清，男，洼子村人。访谈时间：2014年12月10日。

二、演艺传统

(一)扮玩

洼子村的扮玩活动曾经非常活跃。据几位70岁以上的老人回忆,20世纪上半叶洼子村曾有一支扮玩队伍闻名乡里,表演活动有舞狮子、大头娃娃、旱船、芯子、高跷等,很是精彩。整个扮玩队伍有100多人,每逢节日庙会都会出行,在锣鼓响器的伴奏下即兴表演,每次都能招来千百人观看。舞狮子排在扮玩队伍的开头,有1人身穿盛装头前引路,狮子随后上、下翻滚,非常壮观;8个大头娃娃随后,左摇右晃地作喜庆表演;6台芯子跟在后边,分别扮演六出大戏——《刘二姐逛会》《吕洞宾戏白牡丹》《铁弓缘》《火焰山》《井台会》《梁山伯与祝英台》,其中的一些扮演者张世文、张良江等,在当地颇有名气。芯子之后是高跷队。洼子村的高跷队所踩之跷高度在1.2～1.5米不等,在整个罗村镇算是最高的跷了。大家装扮好各种角色,在跷上施展各种技艺。其中扮演女性角色的张笃辉,由于扮相太丑而出了名,至今村里仍然流传着关于他的故事。在扮玩队伍中,6台芯子是洼子村的骄傲,每次游走乡里,所到之处无不啧啧称赏。每台芯子由9人组成:前由1人身着盛装,手执一把两层大红伞,前面引路;4名大汉身穿红衣,头戴红帽,抬阁而行;两旁4名大汉,一身鲜亮衣装,手执龙凤旗簇拥。

如今这些都已成为记忆,好在扮玩中的敲锣鼓传统保留下来了,逢年过节便敲打一番。锣鼓队是洼子村历史最悠久的文艺队伍,所使用的乐器有牛皮和木头做的大鼓、小鼓,最大的鼓是由四五人围着敲的,还有锣、钹等。锣鼓队的鼓谱《打十番》为邻近多村所共用。腊月里,几位好把式就相约每天清早来到村委会,操起家伙一连演奏四五个小时,然后回家匆匆吃罢午饭,再来继续演奏。一动锣鼓,全村人都听得见,整个村庄平添了不少节日的喜庆色彩,在春节前就营造出热热闹闹的年味。锣鼓队的表演受到村委会干部和各家户的一致支持。村里的孩子们都喜欢前去观看,趁他们演奏的间隙偷偷地摸一摸所用乐器,或怯生生地试着舞弄几下,内心激动不已。

洼子村乐队

中青年妇女组成的铜鼓队

(二)演戏

洼子村爱好唱戏的村民甚多,尤其喜欢传统剧种京剧、吕剧与五音戏。

1949年后,洼子村曾经成立过一个业余剧团,常演的剧目有五音戏《彩楼配》、吕剧《胡林抢亲》和《龙凤面》等。剧团曾参加市区政府组织的艺术汇演活动,并获得了淄博市文艺汇演三等奖。20世纪70年代初,剧团红红火火地排演了革命现代京剧样板戏《沙家浜》,并自编自演了《机井新曲》《找驴》等剧目。20世纪80年代,每到农闲时节,村民每天晚上都会聚集到村西广场上敲锣打鼓、吹拉弹唱,后来就组成了一支业余文艺队,有20多人,其中操持乐器的有七八人。村民陈玉琦是文艺队队长,爱好弹月琴、唱京剧,擅长拉二胡和京胡等乐器,并结交了村里一些爱好戏曲的朋友一起唱戏娱乐。这支文艺小队常常举行各种演出,内容也多种多样,有村民自导自演的全场吕剧《娶婆婆》《门当户对》,有《红嫂》《借年》《姊妹易嫁》《借亲》等吕剧选段、《贵妃醉酒》《红娘》《西厢记》等京剧选段、《王小赶脚》等五音戏选段,还有《沙家浜》《红灯记》等现代戏。有时候,他们也会应邀至邻村表演、唱曲,在当地颇有名气。每当他们的锣鼓器乐声一响,很多村民都会跑去观看,并对本村的几位"老把式"赞不绝口。如今,村民已经习惯了小剧团的存在,或许在他们心目中,正是有了这些活动的存在,朴实静默的小山村才有了热闹劲儿。

洼子村业余剧团很重视在罗村镇莲花庵庙会上的演出,这既是面向全镇村民的表演,又可以与邻村戏迷切磋交流,是他们展示实力、扬名乡里的好机会。邻村都知道洼子村文艺队的雄厚实力,所以他们的节目常被作为压轴戏。洼子村人自编自导自演的《娶婆婆》《门当户对》,是长演不衰的经典剧目,每次都能博得阵阵喝彩声。与此同时,洼子村业余剧团还会参加黉山庙会的演出。有一年为了祈雨,他们还曾远赴泰山,在泰山庙会上表演节目。

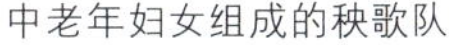

中老年妇女组成的秧歌队

1959 年,洼子村业余剧团全体演员合影

2012年春节期间，洼子村文艺队在本村表演

洼子村文艺队排演节目

（三）唱曲

以前农闲时，洼子村人经常三五聚伙，在村内大街上演唱小曲儿。不过，洼子村人把表现少女思春、少妇相思、男女相悦等内容的唱曲称作“酸曲”，是不能公开唱的，否则要受到村里长辈的呵责。喜欢唱曲的几位村民往往被村里的头面人物看不起，而他们也自安于边缘地位而不改其乐。这些民间小曲的确切来源不详，没人能说清楚，按照村民张世爱的说法，它们是古时考秀才的人在农村闲着没事的时候写的。村民张俊英补充说：

当时考秀才的人，考试完后，等着接状子的时候，就开始做诗了，谁做这一篇，谁做那一篇，然后交上，看谁的脑子好使，显本事。①

显然，村民愿意将本村唱曲的渊源与久远的文人传统联系在一起，赋予其风雅的品格。

喜欢唱曲的张世杰老人

洼子村流传的传统演唱曲目，主要有《绣花灯》《画扇面》《审问青杨》《贞节男》《贞节女》《小错配》《十劝人》《光棍难》等。其中《绣花灯》和《画扇面》在

① 讲述人：张俊英，女，洼子村人。访谈时间：2015年2月5日。

村落中传唱最广，前者属于排字曲，分为十二个月，每个月有五个历史人物；后者则唱的是天津杨柳青年画，分为前八出、后八出。此外，《光棍难》也很为老年村民所喜欢。

绣花灯[①]

正月那个里来正月正，于二姐那个房中哎叫声春红。打开奴的描金柜啊，取出来五色线，闲来无事呀绣花灯咿呀哎嗨哟。列位君子仔细听呀哎嗨哟，先绣那个前朝众位先生。刘伯温自造修下北京，能写会算苗广义呀，徐茂功有神通。战将封神姜太公咿呀哎嗨哟，诸葛亮草船上借过东风呀哎嗨哟！

二月那个里来春风和，于二姐的房中哎打开丝络。扎下钢针盘龙线，叫春红你听着。洗手水往外边泼，咱再把花灯说上一说。花灯呐上绣好汉哥，武松打虎景阳坡。龙虎山前李存孝，赵云大战长坂坡。薛礼救驾淤泥河咿呀哎嗨哟，小马芳困城哎，多亏了女娇娥了哎嗨哟！

三月那个里来鸳鸯天，于二姐房中不大耐烦。手拿绒花仔细照，白面红，雪容颜。何得配那丈夫难，再把那花灯说上一番。花灯呐上绣美貌男，吕奉先戏个貂蝉。十二娶妻罗士信，小狄青下西川。梨花三娘薛丁山，杨宗保招亲没过那山前哎嗨哟！

四月那个里来养蚕忙，于二姐出房呐又去采桑。手扳桑枝无心采呀，那边来了个美貌郎。惹得奴家魂飘荡咿呀哎嗨哟，七七忙哎转还家乡哎嗨哟。花灯呐上绣众昏王，隋炀帝那贱妹欺他姨娘。武王戏龙，西施女呀，断壁銮，殷纣王。褒姒烽台害幽王咿呀哎嗨哟，下接着昏王失落家乡哎嗨哟！

五月那个里来小麦熟，于二姐房中思想丈夫。奴家今年二十二，怨父母太糊涂。女儿大不了寻夫咿呀哎嗨哟，手拿着花灯泪如瀑布呐哎嗨哟。花灯呐上绣苦命姑哎，于二姐北楼上吱吱地哭。赵荣吊孝红灯记呀，刘英春收害姑。王氏三姐逐日哭，洛阳女守贞节，单等秋胡呐哎嗨哟！

六月那个里来热难熬，于二姐房中好似火烧。坐在凉窗纱蚊帐，白

① 下面文本为洼子村村民张世爱所收藏的抄本。

翎扇，懒得摇。急得奴家双跺脚，叫一声春红哎哪里去了呐哎嗨哟。花灯那上绣众英豪，黑敬德月下放个白袍。福寿金殿胡守用，张飞喝断当阳桥。刘备金山放英豪咿呀哎嗨哟，郑子明各位英豪哎嗨哟！

七月那个里来立了秋，于二姐房中泪交流。女大无夫身无主，怨爹娘太糊涂。女儿大了不可留哎嗨哟，留来留去结下怨仇呐哎嗨哟。手拿着花灯泪交流，孙玉姣大门前卖个风流。西厢莺莺崔氏女呀，林黛玉泪百愁。白素贞借伞在苏州哎嗨哟，秦雪梅吊孝列千秋呐哎嗨哟！

八月那个里来秋风高，于二姐房中又好心焦。眼望夜长日头短，月光摇，睡不着。翻来覆去是难熬咿呀哎嗨哟，张起那夜灯又把花描呐哎嗨哟。花灯呐上绣奸臣子，潘仁美专权欺压当朝。董卓欺君又抗上，奸不过老曹操。秦桧行事更奸狡咿呀哎嗨哟，张世贵鼓捣害个白袍呐哎嗨哟！

九月那个里来菊花新，于二姐房中又好伤心。谁是奴家同床客呀，黄昏后，夜更深。红绒被子冻死人咿呀哎嗨哟，哪一个是奴家知心人呐哎嗨哟。花灯那上绣有国君，汉刘秀走南阳一十八番。公子在外避过难呀，朕国王走古村。司马造反难临身咿呀哎嗨哟，卢陵王遭难一十三春呐哎嗨哟！

十月那个里来立了冬，于二姐房中叫声春红。火盆多多添木炭呀，烤烤手绣花灯。忽然想起人几名咿呀哎嗨哟，显一显手段争争名功呐哎嗨哟。花灯那上绣愣头青，程咬金瓦寨甚是威风。泸州天堂单雄信，青面虎甚愣怔。西凉大战苏宝同咿呀哎嗨哟，盖苏儿飞刀令人胆惊呐哎嗨哟！

十一月那个里来雪花飞，于二姐房中暗伤悲。哥哥嫂嫂同床睡呀，小奴家，个人睡。父母做事不明白咿呀哎嗨哟，恼一恼偷跑了，谁不管谁呀哎嗨哟。手拿着花灯泪双垂，绣上个小货郎名叫陈奎。西厢绣上张君瑞呀，吕蒙正，运不唯。曹庄孝母杀个妻咿呀哎嗨哟，张清秀赶考名叫回碑呐哎嗨哟！

十二月那个里来正一年，于二姐房中心喜欢。二十二三婆家去，这花灯未绣完。春红快把夜灯端咿呀哎嗨哟，今夜晚把花灯全都绣完呐哎嗨哟。花灯呐上绣众魁元，康茂才当将土台前。威武大刀王君可，有

关胜，上梁山。逼良倒古上三关咿呀哎嗨哟，赵匡胤建业置下江山呐哎嗨哟！

画扇面

天津那个城西杨柳青，有一位女子白俊英。专学缎青会画画，这家人，十九冬。丈夫难学苦用工咿呀哎嗨哟，眼看着来到四月当中呐哎嗨哟。四月那个里来少寒冬，白俊英房中好似笼蒸。手拿扇面仔细看，高丽纸白生生。油漆骨血点红咿呀哎嗨哟，扇面以上缺少画工呐哎嗨哟。八仙桌子摆在当中，五色颜色全都现成。扇面铺在桌子上，细思想暗叮咛。上边先画两座城咿呀哎嗨哟，显一显手段敬敬那明公呐哎嗨哟。头一座城池画上北京，九门九关甚是威风。再画上紫禁城一座，画六院画三宫。金銮宝殿画朝廷咿呀哎嗨哟，八大朝臣列西东呐哎嗨哟！

一出关东画上升井，老将军班固才得安宁。东自反了宋三好，陈大人率领兵。众家英雄上东征咿呀哎嗨哟，东周黎民才得安宁呐哎嗨哟。手拿着扇子不大耐烦，小奴家越看越不稀罕。谁说扇面画得好，读书人仔细观。耻笑奴家太不堪咿呀哎嗨哟，忠孝节义不大周全呐哎嗨哟。忽然想起画上忠良，杨家父子保个宗王。铁面无私包文正，闻太师回朝纲。不怕死的比干相咿呀哎嗨哟，三上金殿去见君王呐哎嗨哟！

二出画上贤孝男，钟子期打柴不爱做官。白猿偷桃天书现，小沉香力劈华山。吴起杀妻在通关咿呀哎嗨哟，带领着人马又去防线呐哎嗨哟！

三出画上节烈女娇流，李三娘打水终日忧愁。磨房苦主是难受，王三姐抛彩球。张彦休要白玉楼咿呀哎嗨哟，秦三姐跑竹马不大自由呐哎嗨哟！

四出画上义气男，单雄信访友又在河南。仗义疏财秦叔宝，为朋友两腿酸。石秀杀嫂上梁山咿呀哎嗨哟，俞伯牙访友在山前呐哎嗨哟。手拿着扇面没画完，白俊英留神仔细观看。画完半面嫌半面，细思想暗生愁。

八出戏儿在身边咿呀哎嗨哟，兑上颜色是新鲜呐哎嗨哟！

一出戏儿画上走雪山，苦坏了小姐曹玉莲。院子曹福活冻死，又来了众八仙。迎接曹府上西天咿呀哎嗨哟，小姐哭得实在可怜呐哎嗨哟！

二出戏儿画上那捡柴，姜秋出门泪满腮。春发送友荒郊外，舍银两就走开。一朵鲜花他不采咿呀哎嗨哟，正义君子仗义疏财呐哎嗨哟！

三出戏儿画上朱春灯，牧羊圈拾饭又去修行。婆媳尊茶来拾饭，赵锦棠进芦棚。夫妻见面泪盈盈咿呀哎嗨哟，就抓了宋氏谁不知情呐哎嗨哟！

四出戏儿画上二进宫，李艳妃宫院多加愁容。国家有个忠良将，徐千岁巧计生。黑虎铜锤举在空咿呀哎嗨哟，杨六郎保国苦苦尽忠呐哎嗨哟！

五出戏儿画得精，画上个和尚名叫唐僧。取经路过无底洞，猪八戒共沙僧。全仗大圣孙悟空咿呀哎嗨哟，凌霄宝殿搬来天兵呐哎嗨哟！

六出戏儿画上魏蜀吴，刘玄德去三顾茅庐。去请先生诸葛亮，借东风谋东吴。周瑜设计请黄忠咿呀哎嗨哟，率领着小帖令箭先出呐哎嗨哟！

七出戏儿画上五雷，孙伯陵双拐无人对。王翦下坡平六国，大毛奔列威风。孙殿连战魂下瑞咿呀哎嗨哟，盗船多亏金眼毛遂呐哎嗨哟！

八出戏儿画上洪州城，杨宗保回朝又去搬兵。妖人摆下无名阵，萧天佐猛又凶。来了元帅穆桂英咿呀哎嗨哟，杀反贼救出公公呐哎嗨哟！

八出戏儿全画完，单等着丈夫满了篇。金榜题名身为贵，得头名文状元。光耀老祖共高官咿呀哎嗨哟，全家欢乐福寿双全呐哎嗨哟！

光棍难①

（唱）正月里又是新年，光棍呐死妻两泪不干。实指望夫妻同道老，没想着半路断了弦。心里想不敢言，强打精神站在人前，男人们无妻家无主，女人们无夫塌了天。

（说）唉，夫妻二人同说笑，夫妻本是姻缘道。实指望夫妻同道老，阎王撒下追魂票。得病后把命要，至死不知哪里跷。姑娘大夫没看好，药钱落下七八吊。

（唱）二月里刮火风，光棍呐死妻泪盈盈。清晨早起把活干，家里无人摊煎饼。心里想不敢作声，缎袄破上了一个大窟窿。拾起针来又不会缝，谁待可怜给俺缝缝。

---

① 据村民张世爱说，最后一段原本空缺，是他自己编写填补上的。

（说）唉，越思越想命不济，捶手跺脚长收气。没处走没处去，使上个性子去看戏。见人媳妇来往走，贤妻怎么就钻了地。

（唱）三月里又是寒食，去给那贤妻上坟去。用手接着香纸马，来到贤妻坟根里。焚罢了纸火钱，两眼泪细细，尊一声贤妻你细听知。虽然咱夫妻不得团圆日，灵魂看见也欢喜。

（说）唉，又不歹又不疼，一顿吃不了四两饼。人家请俺耩秫秫，挺着头往前拱。来回耩了七八趟，还忘了搁上高粱种。

（唱）四月里养蚕忙，光棍呐死妻泪两行。上年时有俺贤妻在，采桑忙蚕忙上了几场。蚕儿做成茧，拐成那丝线，单等年来做鞋穿。拾成行来又纳成趟，穿在脚上显一显手段。

（说）唉，整天是些什么事，日子过得不得劲。旺相相的两口人，怎么你就咽了气。伤了本，完了力，纺不成棉花下不了地。你在阴间守着寡，我在阳间当光棍。

（唱）五月里是端阳，光棍呐死妻泪两行。东邻家妹妹加媳妇，三番两次借头面。借油膏，拐三环，人人都说俺的头面全。东邻家喜欢俺头面，倒叫光棍犯了难。

（说）哎，对门车户隔不远，三番两次来找俺。打开俺的描金柜，开开箱子找头面。头顶顶着柜子盖，低头看见那元宝箱。自己找，俺不嫌，哭不干的两颗眼。喜得俺妹妹外边笑，羞得俺光棍红了脸。

（唱）六月里入了伏，天又长来日头又毒。清晨早起把饭做，还得上坡把地锄。烧着一开水，锄到那上午，瞅瞅无人跑到那坟上去哭。迷迷糊糊俺又回家转，凭着粮米又无人做熟。

（说）唉，这个命是少有，囔囔咋咋去喝酒。晕晕乎乎想媳妇，人脸前头难张口。没处去没处走，愁得俺好似朝天猴。半夜三更把那房上去，没人见俺给那蚊子咬。

（唱）七月里秋风凉，家家户户晾衣裳。打开了俺的描金柜，取出了那些新衣裳。毛蓝布子褂，青边子镶，木底花鞋撇上了七八双。丝线网缀桃花扇，红缨缨围帽撇下两行。

（说）唉，寻思起来好囔咋，各样东西都撇下。胭脂粉盒两边摆，时兴荷包七八样。细布裤子插着花，上面都是手针扎。搬起镜子照一照，本心眼里怪想她。

（唱）八月里秋风高，光棍死妻泪如浇。心里想着那结发的妻，哪一年上还待忘了。针线又系好，饭食又不愁，心眼好使行事又不抠。好歹的罗裙穿在身，好煞的夫妻不长久。

（说）唉，八月里风气凉，囔囔咋咋再上房。点起灯来吃袋烟，拉呱坐着倚着墙。屋又大炕又长，光棍死妻泪两行。叫声贤妻先灵赶，刮个旋风再上房。

（唱）九月里是重阳，光棍呐死妻泪两行。上年时有俺那贤妻在，棉袄棉裤都做上。脚上的鞋没有一双，去年的蓝棉袄又是那冰扎凉。有心折拆又无人给俺做，叫人家洗洗人家又嫌脏。

（说）唉，这号事世间少，墙上搭着古根草。想起去年这时候，扎着棉裤做着袄。这一代怎么着，光棍何日当到老。有想半路成回头，不跟那个心眼好。

（唱）十月里，寒风来，光棍呐死妻泪满腮。上年时有我那贤妻在，做着个袜子带着个鞋。天气又冷谁抱柴来，热汤热水端上来。为思说话打前站，聪明伶俐心里又开怀。

（说）唉，可怜可怜真可怜，来回跑到坟前看。旺相相的两口人，怎么你就断了线。埋堆土灵魂散，一天跑了七八遍。人人说俺迷了心，谁不说俺傻狗蛋。

（唱）十一个月雪花飘，光棍呐死妻泪如浇。心里想着那结发的妻，哪一个年上还待忘了。哭得那泪如浇，满腹似火烧，恩爱的夫妻又不见了。有心大哭又怕人家耻笑，搓揉的两眼好似樱桃。

（说）唉，敲打五更待刚响，光棍死妻泪两行。心里想着结发妻，翻来覆去睡不浓。叫声贤妻先灵赶，夜晚之中托个梦，梦里乐是你，二人来相逢。翻来覆去睡不浓，哭下泪来上了冻。

（唱）十二个月整一年，说的那媒人又在金銮。东庄有个小寡妇，年纪不大二十三。不用花些钱，土地挺宽满。上无兄下无弟，不缺那两个钱。成家一走把日子过，白头到老过上百年。

（说）唉，光棍难，光棍难，光棍一听心喜欢，娶上个媳妇有了家，成家以后再作难。

村民之间日常交流小曲唱本

由于曲调简单上口，因此洼子村爱唱曲儿的人很多，村民多少都会哼上几句。小曲儿的教和学具有随意性，没有固定的传承组织，按照村民张世爱的说法是“在外面坐着玩时学唱的”。曲词内容颇为繁多，形式复杂，像有排字式、八出式、十二出式、一说一唱式等结构，这使得能够完整唱下这些小曲儿的人很少。在洼子村，公认曲儿唱得好的村民有张世杰（已故）、张世爱、张俊英、赵振河等。上述曲词，便记在已故村民张世杰所遗留的手抄本上。据张世爱介绍，张世杰重病时，亲自把该抄本交到他的手上，让他传下去，总计有20多首。平日不忙时，张世爱就拿出抄本来唱一唱，时间久了，所有曲子都可以背唱下来。

（四）讲闲书与听闲书

从前，洼子村人有农闲时节“讲闲书”“听闲书”以调剂生活的传统。所谓“闲书”，主要指《三国演义》《三侠五义》《小五义》《杨家将》《响马传》等古典章回体小说。“讲闲书”和“听闲书”，在洼子村其实是指同一件事，识文断字的村民往往一边“讲闲书”，一边即兴发挥地讲说，围坐着的大多数人则是

"听闲书"。20 世纪 50 年代后，村落生活逐渐稳定下来，每当秋收过后天气转冷，村民闲来无事，就找一个阳光充足的南墙根，把村里识字的老先生请出来，为他搬来椅子，备好热水，请他"讲闲书"。有时候老先生讲得高兴，会持续大半天，每每读到有诗词的地方，还会用婉转的曲调唱出来，引得众人一片拍手叫好。

村里七八十岁的老人经常回忆 20 世纪上半叶"听闲书"的场景：入冬，村里的先生端坐在椅子上，因为对书中故事烂熟于心，虽然捧着书却并不经常翻看，能够将所有故事情节一字不落地娓娓道来。围拢的听众往往有好几层，二三十人，都穿着大棉袄，两手于身前交叉抄在袖口里，讲究点的坐小板凳，也有就近找来砖头、石头坐的，或是干脆蹲在那儿听。秋后天短，不知不觉中天已黑，先生宣告今天讲书结束，大家恋恋不舍地起身，三三两两地回家，还意犹未尽地谈论着书中的情节人物。起身之时，那些蹲久了的人才意识到双腿早就麻木得没有知觉了。在村民的印象中，张建钰、张世清两位老先生讲闲书最好听，大家听得很晚了还是不愿意起身回家。有时候，张世清会领着村民到他家，点起煤油灯继续讲。两位老先生年纪大了以后，最喜欢"听闲书"的张胜禹就开始当起了先生，他虽然识字不多，但是耳濡目染多年，也能讲几本大书，到了唱的环节，他也毫不犹豫张口就来。村民对他刮目相看，称许"张胜禹的闲书——真不赖"。

20 世纪 50 年代以后，收成好的年头，就有村民张罗着到各家敛些粮食，去村外请走街串巷的职业说书人来村里说书。经常来村里说书的是两个盲人，说书的姓左，拉弦的姓常，其表演以说书为主，村民习惯上称"老左说书"。每当农闲时节，二人便在这一带走街串巷地表演。洼子村喜欢热闹的村民，一听到二人来到罗村镇，便四下里吆喝"老左说书来了"，挨家挨户询问"请老左来咱这儿，你家打算出多少粮食"，有了大致的数目之后，他们就去找老左、老常，许诺给予多少粮食，定下他们进村表演的日期。等到了约定的天数，老左和老常果然就如期而至，通常会连说五六天，白天说书，晚上就住在具体邀请人的家中。村民们来听书时，一般都不空着手来，会拿一些家里现成的吃食塞到老左与老常的褡裢中。至今村民张笃学对这一情景仍然记忆犹新：

老左与老常都是实在人，知道那个年代庄户人家普遍都穷，你给他

啥，他们都不挑。实际上，那时候自家都吃不太饱，还能给啥，也就是给点地瓜啥的，好的话还能攒到几块煎饼——煎饼在那时候还是好东西呢。老左虽然不挑，但也是愿意要煎饼。他就经常在说书之前说笑话，说是“最好攒煎饼，不要煮地瓜”。为啥呢？一是煎饼确实比地瓜结实、扛饿，二也是最根本的一点，煎饼能留得住，煮地瓜今天不吃，明天就坏了，所以他们才这么说。但总体来说，俩人都是穷苦人家出身，也都是实在人。①

随着老左的年龄越来越大，身体状况大不如前，俩人的配合也就宣告结束。此后一段时间，老常开始一个人边拉弦边说书，村民还是按惯例称为“老常说书”。老常说书的内容，基本上与老左一致，后来逐渐增加了一些新的内容。村民张世华认为，老常说《小八义》最精彩：

老常说书说的《小八义》最好听，他只要是一来，我就跟着他，他走到哪里，我就听到哪里。听时间长了，我都能把台词记得滚瓜烂熟，就算是现在，要是给我点时间，我寻思寻思还能背出一两段来。②

20 世纪 60 年代末，老常再也没在这一带出现过。在当时的社会氛围里，村民也无暇去顾及生产和政治之外的事情，于是农闲时节“讲闲书”和“听闲书”的传统也就中断了。

三、“热孙”③

在洼子村所在的鲁中地区，各村几乎都有愿意出面参与公共娱乐活动的热心人，他们“听见锣鼓点儿，放下筷子撂下碗”，或为一句“闲话”在大街上争论半天，村民将这类人称作“热孙”。在洼子村，谁都不能不承认这些热心娱乐活动的“热孙”是“人物”。这一雅号既为村民所赠，他们也就不仅仅是村落娱乐活动中的“热孙”，还是日常生活中的“人物”，在村里有着一定的影响力。事实上，这些人往往精通村里的传统文艺，谈起其他民俗活动也是如数家珍。

---

① 讲述人：张笃学，男，洼子村人。访谈时间：2015 年 2 月 10 日。

② 讲述人：张世华，男，洼子村人。访谈时间：2015 年 2 月 10 日。

③ 在洼子村的日常用语中，“热”是爱好之意，“孙”则有“傻瓜”的意思。

> 想玩这些东西，必须有“三孙儿”。一个是“钱孙”，有闲钱，不急着去挣。一个是“玩孙”，得有工夫。还有一个是“跑孙”，得需要跑腿呀。这就叫“无孙不成局”。这个“孙”是“孙子辈”“傻瓜”的意思，真的孙子是伺候爷爷的，“玩孙”是伺候这些玩的闲事的。跑腿、操心、不挣钱，还得花钱，耽误工夫。有时集体出钱，碰上好的时候不光集体出钱，连工分也给你记着。村里有的是人愿意凑这个热闹。①

对于村里的“热孙”或“三孙儿”，洼子村人对于他们的评价是多元的：一方面他们热衷于村落公务活动，有搭上工夫赔上钱也要把事情办成的一股劲头，村民佩服他们超功利的洒脱劲儿，以“无孙不成局”说明其对村落集体活动的重要性，还会从心底里赞叹一声说——“这三孙儿还真有把‘孙’力气”；另一方面，又认为这种人放着正儿八经日子不过，搭上功夫赔上钱，只为娱乐一场，听人叫一声好，有不务正业或做事不靠谱之嫌。不过，村落社会中强调的是秩序与权威，而村落表演仪式中突出的是仪式与能人。民众之所以在日常生活中推崇能人，与村落中的农耕定居生活有密切关系。耕地有限，机巧能干的人自然要受尊崇；比邻而居，磕磕碰碰少不了，善于解纷排难的人当然也就受尊重。而喜欢操持热闹活动的“热孙”，因为见多识广，心态平和超脱，凡事能够讲出一番道理，往往在日常生活中很受欢迎。

外来者初来乍到，往往以为村落表演艺术活动的主要组织者都是村里的头面人物，其实不然。毕竟在洼子村，主张“正儿八经过日子”的人占了绝大多数，这才是村落里的“正统”观念。热衷于村落艺术活动者被一般村民称作“热孙”本身，实际上就反映出村民的某种普遍态度。理所当然地，“热孙”在村里地位不高，经常成为众人调侃的对象。然而，“热孙”即使处在村落社会中的边缘位置，也会怀着一种强烈的自豪感不甘寂寞地“折腾”一番，并将“能折腾”视为自己在村落社区中的优势，试图以此谋求与该村落社区现实政治权威的妥协与合作，以确立自己的民间权威位置。以至于可以说，村落性的艺术表演活动是由形形色色的“热孙”运作而成的。

恰好，村落中以村委会为代表的主流社会，大多时候是很需要这种显示村落兴旺发达、歌舞升平景象的艺术活动的，因为这可以活跃公共生活，显

① 讲述人：王克刚，男，河东村人。访谈时间：2002年8月20日。

示政绩。此外,他们也意识到“热孙”在一定程度上代表着民意,是必须要给他们面子的,比如尽量提供一切方便,有时候也会给予一些资助。在村落集体艺术活动的组织过程中,一般由村委会出资。作为回报,“热孙”在组织艺术活动时,也会考虑安排主要村干部在活动中担任一个具有权威象征意义的角色。

现在,村里已不再出面组织或资助集体性的艺术活动,只有村民随意组合而成的一个个“艺术圈儿”。如几个喜欢唱戏的老人经常凑成堆联唱,爱好书画的几位老人时不时地互相串门,三五位壮年汉子悄没声地一起切磋做根雕的事儿,等等。当年村里最有名的几个“热孙”或已病故,或已明显见老,很少在大街上抛头露面。在这种情况下,就更显出热心操持村落艺术活动的“热孙”的重要性。

第五章 天神地祇

民间信仰在洼子村具有广泛的信众基础，村民在实际生活中遇到困难，便会习惯性地寄望于民间信仰仪式的实施，并坚信仪式将会灵验，尽管难解其中奥秘。时日既久，诸多民间信仰就内化为村落中的一种道德伦理规范，祖祖辈辈传承至今。因此，敬神拜神、赶会逛庙一直是洼子村最重要的民俗传统。洼子村信仰活动纷繁复杂，信仰对象也林林总总，各有讲说。

一、天爷爷，地奶奶

"天爷爷""地奶奶"，是洼子村人经常念叨的两位神祇，代表着某种古老的神圣权威，有时候还指代广泛的神灵世界。村民认为，"天爷爷"指的是掌管天庭的玉皇大帝，"地奶奶"则指代掌管庄稼收成的地堂老母，他们分别代表了信仰空间的天、地两极，而在两极之外及两极之间，还存在着与日常生活密切相关的万千神灵，统称"天地全神"。村民以"天爷爷""地奶奶"赌咒设盟，也就具有了让天地间所有神灵作见证的庄重意味。

洼子村信仰体系十分驳杂，且始终处在不断变化之中，从中可以看出佛教、道教、儒教等制度性宗教的长期渗透。三教神灵既是村民直接信奉的对象，也是构成广泛神灵信仰的基础。洼子村人依据现实需要，在当地庞杂的神灵精怪体系中有所选择，不断地衍生出种种解释话语。在洼子村人大年

初一所举行的“敬天爷爷”仪式中，就明确显示出这一特点。

（一）“敬天爷爷”仪式

每年大年初一，很多洼子村人要起个大早，隆重举行“敬天爷爷”的祭祀仪式。这种仪式不知起自何年，却被村民一直操持着，从未中断。

举行仪式前，村民先在自家堂屋中为祖先摆上供品，在大门口放置拦门棍，以防止小鬼进入家门，骚扰祖灵。“敬天爷爷”的祭祀之地，以前是在各家院落，现在则在楼群之间的空地上。仪式大致有摆供、烧香、请神、献祭、送神等程序。2012 年大年初一凌晨 4 点刚过，村里妇女就在被称作“老善人”的张俊英的指点下，在村东两楼之间空地上安好 5 张供桌。随后的摆供，则按照“先茶后酒”的待客之道，在每张桌上依次摆好茶杯、筷子和酒盅，再一碗一碗地摆放炸鱼、炸肉、鸡腿、饺子等。据村民说，肉代表的是身份和地位，鸡、鱼和豆腐则有“大吉大利”“年年有余”和“兜福”等寓意。至于饺子，则因形似“元宝”，音似“交子”，在这辞旧迎新之际被赋予招财进宝之意。

春节凌晨，村民为“天爷爷”摆供

仪式中最活跃的是“老善人”张俊英，她秉香作揖，神情恭敬，有条不紊地操持如仪。此时此刻，许多平时嘁嘁喳喳惯了的中老年妇女竟也大气不出，举止安稳，场面十分肃静。仪式做完，大家不约而同地松一口气，又开始随意说笑。待第一炷香刚刚燃尽，大家开始“敬献钱粮”，即将各家送来的黄表纸和提前折好的金元宝聚集到一起，向诸位神仙献祭。普通的黄表纸，用百元大钞在上面压过，就成了“钱粮”或“皇粮”。这是张俊英表演的精彩时刻，只见她麻利地接过别人送来的“钱粮”，问清数目，然后就开始念念有词或轻声吟唱：

一棵莲花生，一本莲花经，口口声声念真经。

真经念得好，×××献上××大元宝。

祈祷“天爷爷”保佑风调雨顺，庄稼丰收

“敬献钱粮”之后，大家齐齐跪下磕三个头，因为当地磕头有“神三鬼四”的讲究。最后是送神。按照村民的说法，天爷爷等一干众神都是住在天上的，因此敬献的“皇粮”必须要烧尽，等纸灰飘到天空中，才能认为进献的“钱粮”被众神收到带走了。烧纸时，老善人会神情庄重地唱念几段：

佛说天地经，天地经有工程，

烧香拜佛祖，十万八千经；

升经，读经，升经升到那明堂里，

四下宝贝不透风……

“钱粮”烧尽以后，已临近清晨6点，大家再燃放几挂鞭炮，仪式也就结束了。鞭炮最好用红色的，预示着喜庆与红火，放完后碎纸残骸也不宜立即清

扫干净。由于各家还要送神，大家并没有耽搁多久，仪式结束后就匆忙收拾东西回家。不到一个小时，这些参加过“敬天爷爷”仪式的妇女，又会携夫将雏，精神饱满地行走在串村拜年的队伍中。

焚烧粮纸，酬谢众神

(二)天地神灵

从上述“敬天爷爷”的仪式中可以看出，最重要的仪式程序就是请神、供神和送神。请神，是将各路神灵请来，安排在不同的供桌落位，享用供品。供桌是有讲究的，包括三张正桌、一张偏桌。三张正桌中，最中间的桌子，供奉的是天爷爷、地奶奶等天地全神，释迦牟尼、观音菩萨等佛教诸神，无生老母、四季老母等五位老母，以及当庄菩萨[①]。西边桌子供奉的是路姑、路程老爷、四路菩萨、护路大将军、照明姐姐、路观音等与出行有关的神灵，这大约与洼子村人外出多往西走的出行规律有关。东边供桌，则供奉山神、财神、宅神等神灵，这与洼子村东依群山且历史上“靠山吃山”的传统劳作模式有关。偏桌供奉的是众多“仙家”，包括蛇仙、狐仙、“串宅姑”(黄鼠狼)、十大仙等，其原型是传统上与村民生活有密切互动的诸多动物。

① 当庄菩萨指的是村庙中的神灵。洼子村原有送子观音殿、关帝庙、天师洞等庙宇，所以“当庄菩萨”指的就是送子观音、关帝、张天师等神灵。

上述神灵、祖先、鬼和仙家,与洼子村日常生活与传统信仰观念密切相关。在洼子村人心目中,有一种看不见的力量在操纵世间万物,这种力量就来源于其头顶上空、缥缈难测的“天”,这显然与农耕时代人们对雨水、土地收成的高度依赖有关。除了天爷爷、地奶奶之外,包括释迦牟尼、玉皇大帝、地堂老母、观音菩萨、王母娘娘以及当庄菩萨等等,都被村民赋予生活化的解释,进而与传统伦理道德联系在一起。村民通过对仪式的操持,相信可使众多神灵每年一度或数度在洼子村下凡落位,享受供奉,这其实是对村落传统伦理的提醒或强调。村民们或就事论神,或就神论事,努力编织出一套既合乎古老传统又顺循当下生活常理的“神话”。如村民张俊英说:

> 这个地堂老母主要就是管地里的庄稼,所以才叫地堂老母。无生老母掌管这地上长出来的东西,就是保佑我们种的这庄稼好好生长。春季老母就是观音老母,掌管着咱这庄稼生长发芽,有了她保佑,咱这庄稼才能从土里长出来。夏季老母,就是清凉菩萨,掌管刮风下雨。夏天天热啊,咱接来这夏季老母,就是为了让她多刮刮风,多下下雨,你要不去接她,她不来,夏天就没有雨水,庄稼、牲口就会热死、旱死。
>
> 玉皇大帝管着别的神,比方说龙王。龙王能下雨,那可不能说下就下,那得是玉皇大帝给他下命令。
>
> 玉皇大帝就是咱这最高的神了。老佛爷是咱这佛家最高的神。无生老母是咱这道家最高的神。(神灵)就和咱这一样,一层一层,你管农业,他管副业,就是各人有各人的职责。①

张俊英是洼子村信仰活动中的权威人物,在她的表述中,显示出三套神灵系统:以玉皇大帝为首的超级神灵,以释迦牟尼为首的佛家,以无生老母为首的道家。三套系统之内的神祇既各负其责,又互有交叉,显示出民间神灵信仰的杂糅状态,但村民并不感到混乱,也并不妨碍其祭拜如仪。事实上,神灵体系并不是洼子村人所真正关心的,他们只是因需即用而已。一旦有了新的需要,村民又会依据传统新造神灵。如在2017年春节的“敬天爷爷”仪式中,开始出现“楼中老爷”的称呼,据说是因为村民住进楼房之后,觉得应有相应神仙来保佑安全。“楼中老爷”的称呼不知始自何人何方,但正

---

① 讲述人:张俊英,女,洼子村人。访谈时间:2015年2月10日。

在逐渐得到广泛认可。

(三)祖先和鬼

洼子村很注重祭祖之俗,除去春节和祖先祭日之外,包括清明、农历七月半、农历十月一在内的所谓“三大鬼节”,是村民祭祖的常规日子。洼子村祭祖主要有两种形式:一是家祭。在家中摆供,请祖先来享用。一是墓祭。男人们携带供品到祖先坟茔,摆供祭祀。在村民记忆中,以前曾有过聚族而居、全族人集体举行的祠祭情形,今已不存。就目前所见,春节期间的祭祖活动相对来说最受重视。每年大年三十,村民吃过午饭,稍事休息,就开始“请家亲”,也就是祭祖。这是由男性来操持的活动,各家族以房为单位,每房至少出1人。2012年1月22日[①],洼子村张氏西茔南头张家举行的“请家亲”仪式,大致包括如下环节:

(1)腊月二十九下午2点,家族中堂兄弟4人(年龄最大55岁,最小38岁)偕子侄4人(最大26岁,最小8岁),各自携带供品,驱车前往村东祖茔祭祖。祖茔葬有4代祖先,最长者为高祖。

(2)众人在先祖墓前摆放供品。先是炸肉4碗,肉丸子2碗,素丸子2碗,豆腐2碗,馒头2碗,水饺2碗,水果3碗,包子1碗,炸鱼1碗。再摆上酒盅4个,斟满白酒。年轻人去各个坟头压坟头纸,请列祖列宗一同前来分享供品。

(3)同时点燃4捆香,分置4个墓前,大家毕恭毕敬站在墓前。待香快燃尽之时,年轻人携酒,围绕所有坟墓各洒一圈,向祖先敬献饭前最后一杯酒。再拿木棍,在摆供的地方划一个直径约2米的大圈,划定列祖列宗分钱地点,同时防止钱归别处。

(4)把各家带来的黄表纸归拢在圈内,把酒杯里的酒倒在上面,然后烧纸。在烧纸过程中,全体人员按长幼次序排好,一起跪拜,磕头4个。

(5)燃放几挂白皮鞭炮,送祖先上路。

(6)众人分吃供品,鼓励孩子多吃,称为“分享”,意味着会得到祖先的庇佑。至此仪式全部结束,整个过程大约持续1小时。

---

① 这天是农历腊月二十九,该年度按阴历恰好没有腊月三十。

在“三大鬼节”中，清明、农历十月一的祭祖活动属于墓祭。子孙们要去祖先坟茔祭拜。清明的前一天或是当天早上，家中孩童要带上铁锹去给祖坟添土，以昭示家族后继有人。农历七月半则属于家祭，不去坟茔，而在家中行祭祖之礼，仪式较为繁琐。祭拜之前，先凑齐豆秆、秫秸、稻谷等“五谷”，绑成捆，置于门楼之上，再焚香邀请祖先回家享祭。绑“五谷”成捆的仪式，意味着同时将五谷之神邀到家中，委托祖先招待五谷之神，共享祭品，以求五谷兴旺。等到三盘香烧尽，就一边烧钱粮纸、一边将五谷神和祖先打发走，尤其是要多嘱咐祖先离家，以免祖先对家庭有所留恋不肯离去，而使家中孩童得病①。同时，要确保钱粮纸全部焚烧干净，以免祖先因为拿钱不全而滞留在家。

洼子村的祭祖活动，无论是家祭还是墓祭，都与村里人对鬼的观念密切联系。如在每年大年三十下午，家家户户“请家亲”后，都会在自家大门门槛前放置一根“拦门棍”，将孤魂野鬼挡在门外，防止其进入院内惊扰家人。仪式的背后，是村民认为自家在祭祀祖先时，无人祭祀的孤魂野鬼会因嫉生恨前来捣乱。无独有偶，在正月初一凌晨举行“敬天爷爷”仪式时，也会在家门口燃起香火，摆上供品，请护门将军严防孤魂野鬼上门骚扰。

显然，在洼子村人心目中，孤魂野鬼是很不受待见的。孤魂是绝后之人死后的魂魄，虽有坟墓却享受不到供奉，野鬼则是客死他乡之人，尸体被随意丢弃或草草掩埋，因为没有灵柩和坟墓的恰当安顿而在世间到处游荡。无论是孤魂还是野鬼，他们本身是孱弱的，因遭受饥饿和寒冷的不断侵扰而对人造成侵害，如附体到一些老弱病残者身上，使其身体不适或昏乱癫狂等。洼子村一年两次的“打路斋”仪式，就包括对祭祀、安抚孤魂野鬼的专门设计，分别在农历六月初一、腊月初一进行。村民或一家一户进行，或多家多户联合进行，到十字路口，摆上供品，烧纸，磕头，放鞭炮。黄表纸上面放着用红纸书写的车牌号码、家庭住址，然后连同黄表纸一块烧掉，祈求来年一路顺风，平平安安，工作生活顺利安康等。

打路斋其实就是祭路仪式，是出于祈求出行平安的愿望，对包括路神、路姑、地堂老母、路程老爷、护路大将军、四路菩萨、照明姐姐、车头老爷、路

① 村民对此有多种迷信的说法。如陈安英认为，祖先最喜欢家中的孩子，尤其是祖先离去后才出生的孩子，祖先会不由自主地抚摸孩子们的头，被抚摸的孩子就会发烧迷糊，难以诊治。

观音等在内的司职交通之神，以及最高神灵玉皇老爷、如来佛的祭拜。在摆放供桌供奉司路神仙的同时，特别在东边放置一张小桌子，上面放上几碗供品，让飘荡在路上的无主孤魂享用，助其早日投胎换骨，同时防止其因饥饿而在路上劫持家人，制造交通事故。

作为新近出现的信仰仪式，打路斋取代了洼子村原有的山神崇拜，这与村落经济生活变迁有着莫大关联。从前，洼子村靠山吃山，东部山区人烟稀少，狼、蛇、狐狸之类动物很多，因此山神崇拜长期兴盛。后来随着农业和工业的发展，洼子村的外向型经济占了上风，外出做生意、打工的越来越多，乘车出行成为常态。因此，为防范山区野兽、获取山间资源而兴盛的山神崇拜，也就被祈求出行平安的打路斋仪式取代，仪式场所也由东部山区而转移到村西大路口。

（四）仙家

"孤魂野鬼"和"仙家"之类，都被洼子村人视为需要防范的"异端"，但处理方法不尽相同。孤魂野鬼要一律拦在自家大门之外，众仙家却可以堂而皇之地列于众神祇之侧，在偏桌上享受香火供奉。

其中奥秘，是在洼子村人观念中，仙家与孤魂野鬼不同，属于半妖半仙的灵异，颇具神奇能力。仙家本身，即是各种生灵长期自我修炼的结果。它与人长期伴生，可以有互动交流——人们给予供奉，仙家便会降福于人；人们粗暴驱逐，仙家便会施恶于人。洼子村流传着很多仙家报恩或报复的故事传说，反映出村民对仙家的敬畏心理。

有趣的是，神灵和仙家也是大有关联的。在洼子村人的观念世界中，神灵凭借强大法力而对仙家拥有震慑力或制约力，仙家处在神灵的监控之下，这是毫无疑问的。不过在平时，神灵对于仙家往往是放之任之的态度，只有当仙家作祟太甚，或者被民众告发，那么神灵就会依照实际情况做出相应处罚。

> 我以前生病，头疼得要命，头上（就像）盖了个筐子。从 15 岁开始，一直疼了 30 年。我那时候，冬天头上得先戴个薄帽子，再戴个厚帽子，围上薄围巾，再围条厚围巾，还不行，还是觉得难受。是疼啊，还是啥的，也分不清楚，反正就是难受得要死。

俺邻居就说，她知道一个人很厉害，能专门看这号病。俺刚开始还不信，主要是都疼了30年了，也看了不少次医生了，就是治不好。俺邻居说这个人不一样，这个人是神仙下凡。俺就想，那就再去看看吧。一进她家那门，俺就觉得害怕，那身子就一直嗦嗦，自己就倚在那犄角旮旯里不敢动。她就问："怎么了?"我说头疼。她说："你摘下你的帽子！摘下你的围巾来！"我说我冷。"你还冷，你还热呢！摘下来扔了！你坐这儿，你坐下我看看，你看你头上和扣着大粪篮子似的，这是个蜘蛛精给你头上扯的网，圆咕噜悠地就给这样扯起来了，越往上越尖尖，扯得和一个粪篮子似的，你的头这样还能轻快了啊?"接着，她就开始说那蜘蛛精："这样就退下吧，你看看你在她身上待了这么些年了，赶紧从她那里退了，退下来去门口等着，到时候让她给你烧多少钱粮、上多少供就行了。"她就这样说了三遍，一遍比一遍说得厉害，我这头也一遍比一遍觉得轻快，说完了就不疼了，高兴得我站起来跳——哎呀我的姐姐啊！我赶紧给老人磕个头吧，我就立马跪下磕了一百个头。她说她身上有佛，还说我身上有仙，说佛也能上身，处理了这仙家，这佛要到我那儿去。"哎呀！"我说，"这条件无论如何我都答应，只要给我看好了就怎么着都行！"

后来我就在家里安了供桌，每天都供佛。①

王仙美的讲述与理解，代表了洼子村人关于仙家的一套观念：神婆与王仙美的对话，是佛所代表的神灵与蜘蛛精所代表的仙家的正面交锋，最终是神灵呵斥仙家，同时许诺让凡人烧纸供奉，使其自行退去；王仙美进屋之后的一系列反应，是盘绕在她头顶的蜘蛛精对神婆所营造出来的强大气场的畏惧反应；神婆之所以能够劝退蜘蛛精，是蜘蛛精对环绕在神婆身上的佛的忌惮。

在村落日常生活中，仙家与村民的关系不仅有作祟之事，当人们遭遇意外状况而难以用常理解释和解决时，往往也会寻求仙家的帮助，此时就要求助被仙家"上了身"的神婆。按照洼子村人的说法，仙家在本村作祟很少，帮忙很多，这是本村人"讲究"仪式、仙家报恩的结果。洼子村流传很多

① 讲述人：王仙美，女，洼子村人。访谈时间：2015年8月15日。

故事，都是关于孤魂野鬼上身而求助于仙家帮忙处理这方面的。如村民陈安英所讲：

前段日子我回了趟老家，回来之后就突然头晕，站不起来，一起来就晕得厉害，要摔倒似的。我寻思这是咋了呢，就去打针吃药，一点事不管啊！

最后我就来到张月英家，她就是赵仙姑附身啊，她能看见东西。我就叫她看看，她说："二奶奶啊，你是不是去了南边了？我看是你背上背着一个鬼来，这个鬼是从东南边来的。"我一想我老家可不就是在东南边，我就说"是"。她说："你是不是去屋后头来？你老家那老宅子屋后头有座孤坟，现在坟头平了，但是尸骨还在地下埋着，又没有人给他上供，他饿得慌，就跟着你来了，跟着你吃，跟着你喝，你这才头晕，浑身没劲。"接着她就给我作法，把那鬼撵出去，接着我就不头晕了。

咱可没想到，一到了家，这立马又开始头晕了，这不又回去找她。她算了算说："你这是在回家的路上，路过张怀周家那老宅子，正好张怀周的魂魄想回家吃饭，找不着人了，全家搬去别处，老宅子没人啊，就在外头晃荡，这不就上了你的身了。"她就又作法，告诉张怀周她媳妇的新家在哪里，这才彻底好了。

又过了几天，我去俺大闺女家，到了晚上住下，就做了个梦，梦到俺女婿他弟弟（不久前去世）在我床边站着，也不说话。俺亲家母（也早已去世了）就拉着俺叫俺赶紧走。俺也睁不开眼，到了后来我听到俺闺女叫我，我才醒了，一看那柜子顶上的一摞钱粮纸烧没了！俺闺女说她半夜起来上茅房，就看着我这屋冒烟，赶紧进来一看钱粮纸着火了。我就说这里头有事，俺闺女还说没啥事，是钱粮纸离着灯头近，开了一晚上灯给它烤得烧着了。

我越想越不对劲，回家后又去了张月英家，她说："他那个弟弟死得早，心里不平，就是要去害你，你亲家是去救你。我看这些歪门邪道就是好上你的身，可能是家里不太干净，招了啥了，我给你处理处理。"她就去了俺家，先给灶王爷上了香说："灶王爷你是一家之主，平时看好家，别让歪门狗祟的进来，今天我要请护法韦陀下来，你好好招待招待，陪陪他。"接着就在院子里摆了供桌，把韦陀请下来了，叫韦陀四处看看。从那以后，我就再也没招过这样的东西。[1]

洼子村人相信，有些人天生就有“被仙家上身”成为神婆的命。在“仙家上身之前”，他们与一般人无异，“仙家上身”之后会突然出现持续几天的癫狂，随即拥有了灵异本领。洼子村先后出现了四五位神婆，在邻近十里八村远近闻名。如张桂英，在39岁那年的一天，她突然行为举止疯癫，一向不会爬树的她竟然坐在大树杈上高声唱歌唱戏，引来众人旁观，一直持续了三天，然后返归正常。大家询问时，她却对自己近几天来的反常举动一概不知，不久便声称能看到妖物邪祟，并治好了某位村民的失眠症。于是，大家认定她已“被仙家上了身”，当遇到邪祟时便去找她帮忙，每次支付10～50元不等。后来又传出张月英也突然“被仙家上身”，并被村民认为更加灵验，张桂英的神圣地位有所减弱，但仍然是二人平分秋色的态势。不过在村民看来，持续癫狂并不是仙家是否上身的关键，关键是看病是否灵验。村里也曾另有一名妇女癫狂数日，自称“仙家上身”，最终却因治病无效而传为笑谈。同时，洼子村还流传着村民拒绝“仙家上身”的故事。如罗村村民毛羽所讲：

> 我妈就是被“仙家上身”以后开始给人看神病的，我还不信。但是我从小就能看到别人看不见的东西，总把我自己吓得不行。
>
> 前几年的时候，我总会突然间就浑身难受，站也不是，坐也不是，心里面急躁得不行。我妈就说是我身上的仙家要逼我出世给人看神病，只要我出世了，仙家就不会折磨我，找我麻烦了。我刚开始还不信，也没当回事，但是后来就越来越频繁，越来越难受。我妈也管不了，就带着我到别的地方去看。这时候我就知道，有些人说“仙家上身”给人看病那是假的，因为我去他家啥也看不到，可有些人就认为是真的。后来去了一家，我一进门就看到她坐在床上，她家床角趴着一个黑乎乎、毛茸茸的东西，蜷成一团，也看不出是啥，肚子一动一动地在喘气，我就知道这个人是个明白人。她也说是仙家逼我出来给人看病，只有把仙家劝走才行，最好的办法就是怀孕，一怀孕成了双身人，仙家嫌恶心就走了，不过要是怀的闺女，仙家就会使闺女也成为这样

① 讲述人：陈安英，女，洼子村人。访谈时间：2016年10月22日。

的人，要是儿子就没事。

正好那时候人家正给我介绍对象，回家我就答应人家了。后来结了婚，不久我就怀孕了，怀孕之后就再也没难受过，也看不到这些东西了。后来生了我儿子，现在我儿子都2岁了，也没啥事，我也就放心了。①

与神、鬼、祖先相比，仙家在洼子村村民日常生活中的活动更频繁，与村民的联系更密切，村民对待仙家的感情也更复杂。“仙家作祟”“仙家帮忙”“仙家上身”等，表面上看来是人与仙家的交流，其实反映了在村民观念中人、神、鬼、仙家、祖先等的多方互动。

二、神的住处

从信仰空间来看，洼子村的信仰活动包括宅院内、村内与村外三种。过去，信仰活动以宅院内和村内为主。近年来，随着生活条件的改善，越来越多的村民开始频繁地外出赶会拜庙，以“看光景”为主的庙会旅游蔚然成风。

（一）宅院信仰空间

洼子村的老宅子，以传统四合院为主，院内各间房屋依据坐向有着明显的主次之分。坐北朝南的房屋，是家里待客和居住的主屋，因有宽大的厅堂而被村民称为“堂屋”。大多数家庭堂屋都有三间。厅堂之外，一般还都有东、西厢房。其他坐向的房屋，则根据自家经济水平或大或小，或多或少，或有或无。至于各间房屋的分配，洼子村自有规矩。如村民张世华讲：

按咱这地方的老礼说，堂屋的东厢房是谁当家谁就在那里住，西厢房由他们的子女住。另外，家里的老人要是不当家，就不能住堂屋，按理说得住西屋。东屋是客房，南屋是仓库。南屋一般又矮又小，采光也不好，要是谁家老人被儿子安排进南屋了，会招村民笑话，笑话当儿子的不孝顺。

---

① 讲述人：毛羽，女，罗村镇理发店。访谈时间：2015年2月5日。

老礼就是事多。住东屋，人家笑话你老人没觉悟。住南屋，人家笑话儿子不孝顺。不过那都是老话，现在住哪屋的也有，而且四合院也少了。[①]

尽管村民说的“老礼”只是过去的事情，但从“笑话”“没觉悟”以及“不孝顺”等话语中，仍能体会到“老礼”在当下村落生活中的道德力量。“老礼”所代表的说法，又是以宅院中传统信仰空间的布置为支撑，似乎就因此具有了一种天经地义的合法性。

老一辈的村民都认为，祖先之灵居于宅院中最核心的位置，即便如今村里已经没有了挂家堂轴子的习惯，但堂屋北墙正中以及靠着北墙的大方桌子，依然被想象为祖先之灵所在的地方，早已故去的祖先就在这里庇佑着家人。

不同于很多地区把灶神贴在灶旁，洼子村人大多把灶王爷贴在门后，所以灶王爷又被称为“藏门爷爷”。灶王爷被村民看作“一家之主”，每逢家里有请神活动，操持仪式的人都会专门叮嘱灶王爷，负责把所请神灵安顿好、招待好。

家神，即各家单独供有牌位或塑像的常备神灵，过去洼子村家家户户都供奉观音菩萨，现在随着做生意的人越来越多，财神也就逐渐取代了观音菩萨。

庭院正中是大年初一供奉“天爷爷”等神灵时摆放供桌的地方，也是操作仪式的主要场所。因此，庭院正中一般不会摆放鱼缸、水池、盆景、假山奇石等物件，但如石桌之类可作供桌使用的例外。

门神护爷又叫“大门将军”，居于宅院大门后面，主要职责是看家护院。在村民看来，门神护爷能够防止一切神灵精怪从各个方向进入宅院，当然不包括家神、祖先。如果宅院大门恰巧冲着大道或者拐角，村民就需要在门梁正中悬挂明镜，以抵挡煞气。如果是外墙对着路口，则在墙壁外侧镶嵌一块“泰山石敢当”石牌代替明镜。

---

① 讲述人：张世华，男，洼子村人。访谈时间：2015 年 2 月 10 日。

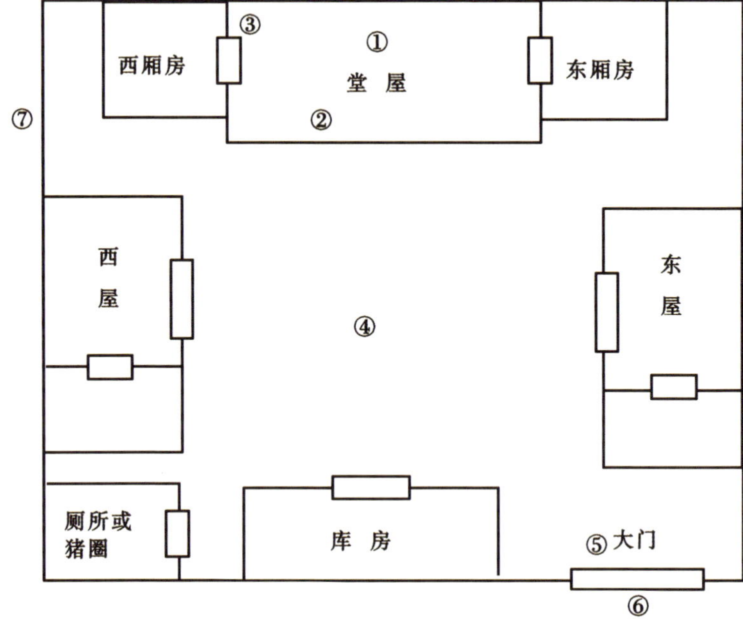

① 祖先　　② 灶王爷　　③ 家神（观音菩萨或者灶王爷）

④ 敬天爷爷时摆放供品的地方　　⑤门神护爷

⑥ 大门上方正中悬挂明镜　　⑦嵌套在外墙的石敢当

洼子村宅院信仰空间神灵分布图

从整体上看，宅院里神灵的安置形成了一个严密的体系。最外围的有明镜、石敢当与门神护爷，形成了对宅院和家人的护卫。中间的庭院中心，是家人、住家神灵与外来神灵交流互动的固定场所。在最核心的堂屋里，则是祖先、家神、灶王爷等住家神灵的栖息之所，通常他们被认为是家庭中的一分子，不仅每月农历初一、十五香火不断，家人还会通过祷告、许愿，与他们进行频繁的交流与互动。当然，三个圈子从外到里并不是相互封闭的，而是以大门、屋门为通道，门后的门神护爷、灶王爷承担着里外沟通之责。

宅院中的神灵布局，是依托洼子村传统四合院的居住模式来安排的。近几十年来，洼子村经济生活发生剧变，村落空间自西向东迅速延展，几乎扩大了一倍。从村西向村东的房屋建筑格局，从土木结构的老四合院，到

砖瓦结构的“十米见方”[①]，到水泥瓷砖马赛克的“三间挂耳”[②]，再到钢筋混凝土的小区楼房，呈现出明显的历史感。不过，村民对神灵的空间安排却依旧保留了初始框架，虽然因为物理空间的变化或缺失而不得不作出改变，但依然以模拟的方式创设出象征性空间，并尽量附会“老礼”作出尽量合情合理的解释。

（二）村落信仰空间

洼子村历史上曾有数十座大小不一的村庙，这些庙宇被村民称为“当庄庙”。它们或夹杂于村落中，或守卫在村落边界，或散落在田间山林，共同构成了村民共享的信仰空间。

洼子村先后修建了3座关帝庙。这3座关帝庙，虽然现在看起来都在村西，但按照明清时期的村落居住格局来看，则分别位于洼子村的西北、中以及东南，其中位于村中间主街北侧的关帝庙规模最大，长期作为村落的公共活动中心，是村民聚会以及举办各种活动的主要场所。3座关帝庙如今都已不存，而且很少有人能说出南、北两座关帝庙的准确位置。位于村中间主街北侧的关帝庙，却持久地留在了村民的历史记忆之中，尽管早已没有了庙，这一带仍然被称作“庙子”或“庙上”。

洼子村规模最大的庙宇，是位于村南的送子观音殿，修建于明朝成化年间，分大殿、小殿、偏殿。大殿又叫“菩萨殿”，墙体全部用水磨砖做成，表面光滑细腻，墙厚达一米，内塑有观音、送生爷爷、送生娘娘等神灵。大殿内，观音坐像位于正中间，盘腿坐在彩色莲花宝座上，一手持净瓶，一手举于胸前，手掌向外，手指舒展，结无畏印，其面容安详，双目自然下垂，呈悲悯状，整座神像高一米有余，金塑全身。东侧是送生爷爷像，肩背一个褡

---

① 20世纪70年代末，随着村落人口的逐渐增加以及村民经济条件的日见好转，洼子村在现位于村中稍偏东的地段规划出一片新的宅基地，每块宅基地长、宽都是10米，前后左右紧紧挨在一起，村民因此称在这块地段建起的房子为“十米见方”。这批房子虽然空间狭小，但基本上保持了四合院的造型。

② 20世纪90年代，洼子村村委在村东规划出了大片土地，划分出近百块长宽各为13米的宅基地，形成南北向五条胡同，这一批房子的主要样式是三间堂屋加一间耳房，村民称之为“三间挂耳”。“三间挂耳”的格局，虽然整体看来也是方方正正，但实际上已经与四合院有了很大的不同。随着劳作模式的转变，人们对仓库（储存粮食、农具）和庭院（晾晒粮食）的要求降低，对室内空间的要求增加，小庭院和大堂屋成为新的房屋建筑格局。

裢，前后口袋里各有一个娃娃露出头来。西侧是送生娘娘像，抱着一个孩子，手里还牵着一个孩子。在观音莲花宝座之下，还有八大金刚彩塑，形态各异，活灵活现。在洼子村，至今还流传着“八大金刚抬观音”的传说。如村民张笃学所讲：

大殿观音座下八大金刚，就是用来抬观音的。他们有的弓背着腰，有的侧着身子，有的弓步挺腰，一个个都是呲牙咧嘴的。这八大金刚是在与菩萨打赌。他们还都有名字呢，这八个人的名字我记不全，只能想到三个，一个是“拳打井”，号称一拳头能打出一眼井来，喝水解渴；一个是“腰掖树”，说的是走路天热了，就直接拔出一棵大杨树，掖在腰上乘凉；还有一位叫“捋道直”，说他看到弯弯曲曲的小路，双手一抹就能把道捋直。剩下那五个叫什么名字，我就不知道了，反正都跟他们差不多，都是力气非常大。菩萨和他们打赌说：“你们再大的力气也抬不动我。”八大金刚一看一撇嘴：“就你这样的，两个抬着也不费劲。”菩萨就说：“那你们就抬抬试试吧！”说完就坐着那莲花宝座压下来了。这一压不要紧，把他们八个人压得喘不过气来。打赌赌输了，八大金刚就只能老老实实地给观音抬宝座了。[①]

小殿塑有韦陀站像，手持钢鞭，目光炯炯，正视前方，非常威风。偏殿又叫“七神殿”“七圣殿”或“七圣堂”，供奉有七位神灵，当中为土地爷，左右两边为山神、判官、小鬼、牛王、马王、城隍。据村民张笃学讲，七圣殿内的七位神像都是张牙舞爪、瞪着大眼的造型，且白眼珠子多，黑眼珠子少，非常吓人。当时年纪尚小的张笃学，只敢从门缝中看上一眼，从不敢走近。唯一例外的是土地爷，尽管也是神态吓人，但在洼子村人的口中经常会成为被调侃的对象。

关于土地爷，咱们村流行一个顺口溜笑话，还挺好听呢。说的是土地爷庙小神小，从来不贪图大供，随便有点吃的就行，人们去菩萨殿上供时，只会顺便给他带点小来小去的，所以说：“土地佬，土地佬，众位神灵数我小。大供不过是一碟豆粒，小供也就一点软枣。”[②]

送子观音殿一直香火旺盛，直到1940年后才渐遭毁弃。20世纪40年

---

① 讲述人：张笃学，男，洼子村人。访谈时间：2015年2月10日。
② 讲述人：张笃学，男，洼子村人。访谈时间：2015年2月10日。

代末，大殿和小殿被改造为学校，不过神像都还有所保留，在这里上学的小伙伴们经常以神像为道具，相互逗乐。

> 我那时候和张世金是同班同学，我就和他打赌，这个砚台我藏在这屋里，你永远也找不着，他就是不信。我让他出去以后，搂着送生爷爷的脖子往这边一拉，送生爷爷就倒过来了，我把砚台放在他脊梁骨上，再一松手，砚台就被送生爷爷和他后面的墙壁夹住了。张世金回来，一直找到天黑都没找到。①

在 20 世纪 60 年代的“破四旧”运动中，送子观音殿的所有大小神像全部被毁，空荡荡的大殿继续用作学校。1982 年，村委在原址兴建小学，送子观音殿被彻底拆除干净。1997 年，洼子村小学编制撤销，此地辟为民宅。最近几年，村里“老母四季会”成员试图号召村民在此地复建观音殿，并在空地上举办一些小规模的祭祀活动，但遭到周边居民的强烈反对，最终不了了之。

洼子小学，20 世纪中期由村庙改建而成，20 世纪末撤校

洼子村村界四至各有一处神圣空间，村民编成顺口溜说：“西有双塔寺，东有洞子沟。北有凤池井，南有老虎头。”其具体景观，详见本书第一章

① 讲述人：张笃学，男，洼子村人。访谈时间：2015 年 2 月 10 日。

第二节“五门”“四景”。至于清光绪二十九年(1903年)修《张氏支谱》记载的三圣殿等庙宇,因创修年代久远,且久已消失,洼子村人已没有具体记忆。①

俯视洼子村村落信仰空间,与宅院信仰空间是一致的格局,依旧有着由里向外层层推进的严密结构。村里的关帝庙与送子观音殿,承担了处理村内事务的职能,成为村民日常祭祀以及其他集会活动的主要场所。坐落在村落物理边界的四处神圣空间,划分出村落空间的神圣边界,如同四处带有城墙的城门,拱卫整个村落,阻挡着外来干扰,庇佑着村民的安宁生活。

(三)村外信仰空间

洼子村村东低山丘陵中,曾有一座不算大的山神庙。土壤贫瘠、沟壑遍布的洼子村,历史上长期依山而存。种植果树,采集山货,甚至猎取山鸡、野兔等小型动物,曾一度是村民的重要收入来源。与耕作相比,靠山吃山的谋生手段显然更加充满不确定性,再加上绵延10多公里荒无人烟的未知领域所带来的恐惧,山神就成为村民心中的寄托。一座不起眼的山神庙,足以辐射一整片山区,为进山村民带来莫大的心理安慰。后来随着劳作模式的转变,大片山地被开垦成农田,山神庙渐渐被人们遗忘。20世纪90年代,废弃了多年的山神庙被彻底拆除。

相邻村落的庙宇,是洼子村人村际交往的重要渠道。北邻南韩村与南邻河东村,近几年先后重修了三官庙、石大夫庙,恢复了祭祀活动。洼子村善男信女以村里的名义去庙会捧场,密切了村落之间的往来。特别是莲花庵,作为洼子村所在乡镇的神圣中心,与这一带的中心集市叠合在一起,是洼子村人的重要朝圣之地。不过,当村民所遇到的蹊跷事在当地庙宇无法解决时,还可以选择去更高一级的簧山寻求帮助。簧山位于洼子村西南约10公里处,每年农历三月十八、九月初九有两次庙会。簧山还与当地的“换

① 清光绪二十九年修《张氏支谱》载有三圣殿庙前碑文:“维大明国山东济南府淄川县仙人乡张家庄,发心盖三圣殿塑像,施主信人张福缘、室人宋氏同领长男张辅、张昱、张贵合家大小人口众等祈许。景泰七年(1456年),月日更去,家门清洁,人口平安,二六时中,众神护佑。成化三年(1467年)九月吉日立 同十方焚香台修起。”

替身"仪式有关，被认为是替身之灵所在之地，淄川区一带众多善男信女都会参加。比簧山还要高级的神圣之地如泰山等，村民虽认为没有一定要去参与祭祀的责任，但心里也始终怀有朝圣的追求。近几年来，洼子村每年都会有村民组团前往泰山参加庙会。

三、请神接佛

(一)找替身

洼子村人认为，每个孩子的前生都是神灵座前的童子或童女，出生即落入凡间寄养人家，要想无病无灾长命百岁，就需要找一位"替身"还给神灵。"替身"，有替代孩子接受神灵处罚、在世间受苦受罪之责。也有村民说，有了"替身"替代性地伺候神灵，在世的孩童才能免于被神灵提前召回，得以安享人生。

找替身的仪式很简单。在孩子"过百岁"的那天，请村里神婆根据孩子的生辰八字，确定是哪位神仙的童子，再推算出将替身还给神灵的合适地方，一般是附近的庙宇。当男孩 5 岁或 7 岁、女孩 6 岁或 8 岁时，需由孩子的家人到那座庙宇去"还替身"，并在其一生的重要人生礼仪时刻去"打发[①]替身"。如果有孩子在"过百岁"前遭遇莫名其妙的病症，就需要提前找替身，以转走厄运。村民小建[②]的情况就是这样。

"扎替身"

小建，1986 年生于洼子村，"过百岁"前因突发肺炎住院，病情非常严重。

① 打发：当地方言，即答谢、安抚之意。
② 应讲述人要求，文中小建为化名。

小建的奶奶找到当地神婆，提出为小建“找替身”。神婆根据小建的生辰八字，测算出他原本是白衣老母座下童子，应将其替身寄存在黉山上。按照当地“一百栗，一百枣，一百馍馍吃到老”的说法，奶奶备好小馒头、大枣、栗子各100个，并分别穿成串作为供品。神婆做好一尊如孩童般的仿真纸扎，奶奶买来一套儿童衣帽，为之穿戴好。随后到了黉山上，将纸扎连同香烛烧纸一起“升”给了白衣老母。人形纸扎就代表了小建的替身，只需制作一次。按照神婆的说法，替身自会在另一个世界随着小建的生长而同步变化。当天小建的病情恰好有所好转，奶奶便笃信是小建的替身代他受了过。从此以后，小建一有头疼脑热，奶奶就会在院子里摆供，面对黉山的方向为小建的替身烧纸，“打发替身”。

请“替身”享受供品

“打发替身”

此后，在小建15岁“成年”、27岁结婚的时候，小建的奶奶和母亲又依据其体型购买衣服来“打发替身”。不过，仪式并不会在15岁生日或结婚的当天举行，而是从当年农历三月十八与九月九两次庙会中选择日子比较靠近的一次，在庙会开始前的两三天之内进行，象征着让“替身”穿上新衣服，拿着足够的钱去赶庙会。此后，除了有意外之事需要“打发替身”之外，小建还需在年满50岁时再次为“替身”送去一套老年衣装。

（二）接季

洼子村的“老母四季会”，兴起于60多年前，是从东部山村千峪村流传过来的，其主要活动是一年五次操办接季仪式。接季仪式，起初由会首组织会社全体成员参加，渐渐地很多村民参与进来，成为全村善男信女普遍参与的活动。所谓“接季”，就是在立春、立夏、立秋、立冬这四个季节转换的节点，通过举行一定的仪式，迎接新季节的到来。洼子村“老母四季会”分为村东、村西两个组织，各有会众50人左右，均为女性。东会会首是张俊英（1940年出生）、张莲英（1946年出生），西会会首是张秀清（1931年出生）。会首的任务主要是向会员收会费及活动费、操办祭祀供品、书写文书等。会众每季要交1块钱，作为置办祭祀供品的费用，不能不交，否则会受到“老母”的惩罚。若一次接季没有花完所攒的钱，则留着下次接季再用，但是到了冬至一定要花光。若是会里有老年人病故，会首则带领会众集体买一捆钱粮去祭拜她，这已成为“老母四季会”的一种传统。

按照张俊英的说法，春、夏、秋、冬四季分别由春季老母（观音老母）、夏季老母（清凉老母）、秋季老母（文殊老母）和冬季老母（普贤老母）轮值。四季老母的职责，起初被认为是合理安排天象，保佑农作物顺利生长，近年来随着村民对土地依赖的减弱，又被赋予了保佑信众平安发财、吉祥如意之类的神职。不过，在四季老母之上还有无生老母，是这个系统中最高的神，被认为是创世主和救世主。因此，村民除了上述四个节点“接”四季老母之外，还要专门在冬至这天，以最大规模的仪式来答谢无生老母。

显然，接季仪式与农业种植传统有关，四季老母的存在正是人们在农事安排中将“一年”周期分为四节的结果，所对应的是农作物“生—长—熟—休”的周期规律，而接季仪式正是四个节期转换的节点。对无生老母

的祭祀，则代表着以年度为周期的新的轮转。

举行接季仪式之地，过去是在会首张俊英家中，由于近年来参与人数越来越多，就转到了更开阔的村西广场上。供桌仍然只有一张，摆放的是四季会会员凑钱买来的供品。普通民众则将自带供品摆放到供桌附近的地上。在会首的带领下，大家一起焚香、祷告、诵经、烧纸，祈祷年丰粮足、阖村稳定、信众康健、生活富足等。其中，诵经最能体现出接季仪式的特色。2011 年 1 月 31 日，张俊英在其家中组织接季仪式，并带头诵经文。① 经文如下：

三路仙香一路烟，俺请老母下灵山。
老母接到香烟信，使了个手段坐云端。
一调云头十万八千里，来到善人大门前。
俺把老母请到家中去，预备酒回头再把茶来端。
问声春季老母你可好，问声夏季老母你可安。
问声秋季老母你可好，问声冬季老母你可安。
问声无生老母你可好，花姐童，你可安。

一进经堂一路行，少说闲话多念经。
坐下不说家常话，一到经场去修行。
二进经堂不着忙，洗手洗脸去烧香。
烧香请下那神佛祖，二到经堂去修行。
三进经堂笑哈哈，提起精神念弥陀。
眼前又是有盛业，九度弟子出真火。
四进经堂好心酸，衣裳破来家又寒。
有心待上经堂坐，就怕道友笑话俺。
五进经堂天放亮，东方升起红太阳。
全城老母经堂坐，全城弟子来烧香。

这张桌子安东方，兰花衣，两边镶。兰花着衣俺挂上，兰花五彩照

① 张俊英，女，洼子村人。访谈时间：2015 年 2 月 10 日。

经堂。

二张桌子安南方，青花衣，两边镶。青花着衣俺挂上，青花五彩照经堂。

三张桌子安西方，黄花衣，两边镶。黄花着衣俺挂上，黄山五彩照经堂。

四张桌子安北方，红花衣，两边镶。红花着衣俺挂上，红花五彩照经堂。

五张桌子安中央，金花衣，两边镶。金花着衣俺挂上，金花五彩照经堂。

俺请老母落了座，阿弥陀佛保周全。

一炉香，要真心，俺送老母起了身。先头先管你用了饭，带着那宝贝归路金。

二炉香，随身带，送到老母大门外。花姐童美大衣出，老母进了轿八抬。

三炉香，一缕烟，俺送老母上灵山。大炮不住连声响，胜过美的接房山。

上去山，正阳门，正阳门前落下座。靠东边是正宴座，俺请老母落了座。

一杯酒避风寒，老母送咱回家转。

每次唱经，并不只唱这四段经文。每次接季所选经文有所不同，这四段因为代表着请神仪式的大致程序，是必须要有的，其余的经文则可穿插其间，由会首自由选择。最常用的经文有《大观音经》《老母经》《包袱经》等。

(三)莲花庵献轿

农历二月十九，据说是观音菩萨由人化神的纪念日。莲花庵献轿是洼子村周边地区最重要的庙会仪式活动，有着久远的历史。过去，罗村镇莲花庵周边十几个村的善男信女都会早早准备，在这天抬着放有观音牌位的花轿和仪仗，携带仙袍绣鞋、供品祭品，扭着秧歌，在莲花庵旁的空地上争

占有利位置，各自摆供、上香、诵经、磕头、烧纸，举行各式各样的表演活动，场面非常热闹。庙会周边，有各种小商小贩争相售卖货品，叫卖声此起彼伏。20 世纪 40 年代末，莲花庵内的神像全部被毁，10 米多高的沉香木观音被扔进了废弃的矿井中，庙宇被改造为学校，庙前空地成为“斗争会”的场地，庙后庙田则辟为革命烈士陵园。90 年代，莲花庵信仰有所复兴，不时会有村民来庙前上香祭拜，直到 21 世纪初莲花庵重修告竣，莲花庵献轿仪式又恢复了。

莲花庵巍峨气派

2006 年 11 月 19 日，罗村镇政府出面主持了莲花庵神像开光、神灵祭祀的典礼，周边上万村民参加，献轿表演仪式大受欢迎。洼子村组织了一支 120 多人的献轿队伍，村里平日间甚少联系的会首、神婆都参与了进来，在张俊英的安排下，成为仪式的重要组织者，“老母四季会”则成为队伍的主要力量。

献轿表演队伍依照的是皇帝出巡的规制，其中旗锣伞扇、八抬大轿和观音的供品、祭品、仙袍都由四季会的人负责，不同的负责人着装也各有讲究，村里的其他人和表演队则腰系红绸缎，肩挑着自制的金银财宝跟在后面。在行进的过程中，一旦遇到其他村的队伍，洼子村的锣鼓节奏霎时间就快了起来，民众的秧歌也随着鼓点扭得愈发夸张，两方较起劲来，直到一

方认输主动让路为止。不过，村落之间“争斗”的最高潮乃是庙会上的敬献仪式，哪个村献菜时候扭的秧歌最传神，哪个村的阵势最大，哪个村的锣鼓最响，成为当天人们讨论最热烈的话题。整个仪式活动，几乎成为一种充满地方特色的“村落文艺活动竞赛”。洼子村的献轿队伍，除了锣鼓队全是男性外，其他成员都是女性。队伍具体排列顺序为：

10人锣鼓队，身着红衣或绿衣；

3人举香请神，分别是张秀清、侯桂香、张俊英；

3人提香、纸、酒；

4人抬食盒，身着红衣黑裤；

2人举标语，身着红衣黑裤，标语上写着“洼子村善男信女献花轿”；

10人举红旗，身着红衣黑裤；

1人打黄伞，身着绿衣；

2人举扇子，身着红衣；

2人打灯笼，身着绿衣；

1人端茶壶、水杯；

1人端酒壶、酒盅，身着红衣、红头巾；

4人端鞋，身着绿衣；

2人端元宝，身着红衣；

8人抬花轿，身着红衣黑裤，绿头巾；

花轿两侧各有1人拿花束，身着红衣；

6人端神袍，共12件，身着红衣黑裤；

14人挑元宝，身着红衣黑裤；

8人挑黄表纸，身着红衣黑裤；

22人扭秧歌，身着红衣黑裤，腰间系着红绸子；

16人拿莲花盘，身着红衣黑裤。

上午8点40分，洼子村献轿表演队伍到了莲花庵。张俊英选择正对菩萨像的一处地方，让队伍停下，围出一块空场，安下神桌，放下神轿。轿子被安放在供桌后面，食盒放置在正对供桌的10米处。请神人员举香敬神、唱佛经、拜神，有条不紊地主持仪式。附近村民久闻洼子村“文化村”的

美名，纷纷聚拢来，等着好戏一幕幕开场：

(1)8点50分，敲锣打鼓，开始献菜。2人站在供桌旁边接菜，2人站在食盒旁边往外拿菜，还有2人奔走于供桌和食盒之间来回献菜。献菜的2人伴着锣鼓声，扭着秧歌来回献菜，扭秧歌和献供合为一体。在献菜2人两旁，各有2人相伴，随着锣鼓点款款而舞。献菜2人在接菜和送菜时，还要半蹲着接送，表示对神的恭敬，动作富有艺术韵律。

从食盒向供桌的转供仪式，供品总计有：8杯水、8盅酒、2条鱼、2盘馒头、2盘丸子、2盘炸肉、1挂香蕉、1盘苹果、2瓶酒、2包烟、8双筷子。供桌下放着鞋和袍。

(2)9点5分，先由张俊英、张莲英唱佛歌《安桌子》《送花轿》，声情并茂，伴有唱戏动作，然后17名村民由张秀清、侯桂香、张俊英、张莲英领诵佛经。

(3)9点20分，佛经唱完，众人跪拜。

(4)9点25分，开始敲锣鼓，张俊英、张莲英等6人留在供桌前继续唱经，其他队伍中的人员绕圈巡演。张俊英边唱边献酒10杯。

(5)9点35分，洼子村献轿仪式结束，开始收拾供品。

(6)9点55分，罗村镇竣工典礼开始。

(7)10点20分，洼子村献轿队伍解散，各自回村。

莲花庵献轿转供

莲花庵献轿是以乡镇为区域、各村落单元集体参与的跨村落信仰仪式。参与仪式的各个村落，会集到神圣庙宇，以相同的仪式供奉同一个神灵。在这一过程中，各村又极力彰显自身的独特性，努力以更出色的文艺表演、更大的声势来压倒其他村落。近年来，在经济条件落于下风的洼子村，特别要在这一传统仪式表演中争一口气，维护其"文化村"的形象。

(四)逛簧山

在洼子村的俗语之中，把外出旅游称作"逛游""看光景"，逛庙会、拜神朝圣也大致归于此类。村民逛庙会是有传统的，现在随着生活水平的提高，越来越多的人加入这一行列。很多寺庙都建在名山之上，具有庙宇和景区的双重身份，形形色色的庙会似乎专为村民"看光景"而设。近年来，周边庙会活动越来越多，如淄川区聚峰山、盘龙山，博山区凤凰山、莲花山，张店区黑铁山等等，村民乐得前去敬神拜神一番，然后轻轻松松地旅游观光。不过，对于洼子村人来说，簧山庙会和泰山庙会，才是最应该去看的"光景"。

簧山位于淄川城东北约 5 公里处，是一座孤山，四周皆为平原，因此虽然海拔只有 300 米左右，却显得挺拔险峻。簧山的神圣建筑格局完全仿照泰山，有中天门、南天门、碧霞元君祠、玉皇阁等建筑。在当地传说中，簧山、泰山本是玉皇大帝的两个孪生女儿，妹妹簧山因生性顽劣触怒玉帝，被削去 1300 余米，才变成这样的形貌。碧霞元君祠是簧山最主要的庙宇，庙会就是因之而起，日期为农历三月十六至三月十八，为期 3 天，以农历三月十八为正日子。届时，簧山各种特色小吃和地方工艺品的摊位从山脚下一直摆至山顶，香客、游人往来如织，热闹至极。簧山还是当地人寄托替身的地方，洼子村人的很多替身都存于庙中。每年庙会开始前，洼子村人多有来簧山"打发替身"的。庙会开始后，村民由于已经事先完成了任务，就可以轻轻松松地闲逛庙会了，一边品尝着各种小吃，一边欣赏簧山的美景，观看各种传统艺术展演。山上卦摊很多，有的村民还会忙里偷闲给自己算上一卦，再给孩子买几个小玩意儿，一天的时间就在这种闲散的"看光景"中度过了。

洼子村人簣山进香，在文昌阁前唱担经歌

泰山东岳庙会则是山东地区最知名的庙会活动。在过去，洼子村由于路途较远，交通不便，村民如果没有特别棘手的“神事儿”，一般不会去泰山赶会。因为一旦在泰山上许愿，第二年就必须再去还愿，费时耗资不少。村里的善人或是神婆，有的选择每 5 年或 10 年前往朝圣一次。不过在近 10 多年来，村民生活水平提高了，去泰山“看光景”也就不再是难事，洼子村的张桂英就多次组织村民一起去赶泰山庙会。他们到了泰山一般是先坐缆车到达山顶，参拜完碧霞元君祠、玉皇阁，在玉皇顶合影，然后自由闲逛着下山，大约在太阳落山之时到达泰山脚下的集合地点，返程。

四、善人与神婆

洼子村信仰传统一直未断，近年来信仰活动越来越活跃。在绝大多数村民看来，神鬼之事“宁可信其有，不可信其无”，只要听说哪个神灵对自己有用，就认为应该好好祭祀。也就是说，村民参与信仰活动，并不为探究信仰的“教义”或“真谛”，而只为慰藉心灵，调剂生活。掌握一些信仰知识的善人和神婆，在村民中间是享有一定威望的，可以组织、操持相应的仪式活

动，遇有急难之事还可以帮助排解。但若说村民对善人、神婆言听计从，也完全不是那么回事。

善人与神婆，在洼子村是两类不同的信仰权威。在村民心目中，善人自身并不具备治病消灾的灵异能力，但却能与神灵沟通，了解神的喜好和想法，因此每每在集体性的仪式活动中居于主导地位。善人自认是潜心侍奉神佛的，当听到有人竟然将他们与神婆视为同类，就会大为反感，坚决要撇清自己与“神婆”的任何关系。洼子村的善人，主要有张俊英、王仙美等。另一类人，自认为天赋异禀，能够让某位神灵或者仙家“附身”，为村民治病、消灾或解事，村民习惯上将她们称作“神婆”，主要有张桂英、张月英等。在一般村民看来，善人和神婆之间还是不好区分的。但在善人与神婆自身看来，这种身份上的区分是非常必要的，他们都认为自己所代表的才是“正统”。总的来说，人们认为，善人讲究吃斋行好，神性是后天习得的；神婆则讲究神启顿悟，偶然得神，饮食、做派没什么禁忌。

张俊英，1940 年出生，47 岁皈依佛门，长年在家中设有佛堂，念佛、拜佛是她每天必做的事情，此外还担任着“老母四季会”东会会首。一年之中，她不仅带领会众操持五次接季仪式，还组织村民参加了数十次庙会活动。她带头捐钱置办供品，像买纸、买香、叠元宝、剪花、做衣裳、包包袱等，热心参与各种敬神活动。张俊英也懂一些民间巫术，如叫魂、换替身、看癔病等，但她认为这些不“正统”，所以不愿操持，有时会勉强应付一下，但坚持分文不取，因为她不是“神婆”。她自认此生最大的使命是侍奉佛祖：

> 信神婆的人不是从心里信佛，她们仅仅是遇到难事才信。俺们信佛祖的人，是给佛祖送东西，而不是给人送。俺们和神婆不一样，俺是只有吃亏，没赚公道。像参加香火会，别人攒钱不够，俺得给凑上；人家捐三两块，俺就得出 10 块；人家耽误一天的时间，俺就得耽误一个月。俺不挣钱，还自己拿钱置办。俺们不仅要使自己好，还要大家都好。咱做一个东西（指供物），就都保他们平安。神婆则不做这些事，一般小孩有点不好受，会去找她看病，她会得到报酬。俺是在路上看（病），不要人家钱。

话虽如此，神婆因为能够解决一些实际上的急难问题，而在洼子村人心中还有着一定地位，张俊英对此也是认可的。

洼子村的神婆张桂英，据说就是蒙受“神启”偶然得神的。张桂英，女，1951年出生，1977年嫁到洼子村。据她回忆，她自从过了30岁便开始生病，浑身没劲，到医院也检查不出来。后来，有人建议她找个神婆看看，便去邻村找了一位老妇人看病。一番品脉后，说是“神家”找来了，并预言她将来也会替人看“神病”。到了39岁，张桂英开始不断地生瘡病，一犯病就总想到外面与人说话，而且开口就能说出别人心里的想法和感受，她断定这是神赋予的神力。

渐渐地，村民开始请她操持各种巫术仪式，如“换替身”“打发替身”等，而张桂英的名声也逐渐传播到村外，甚至有千里迢迢来找她问事解事的。

尽管如此，她还是很尊重村里的“老母四季会”，亲切地称会首张俊英为“老姑”，认可她在村落信仰中的权威地位。

第六章 村里的人 村里的事

一、“山精朋友”

据洼子村老人讲，从前这一带交通很不方便，外出谋生的人很少。村民很希望了解外面的世界，平时凑在大街上，就特别喜欢听那些有走南闯北经历的人拉呱。拉呱的主题，经常是以本村为中心，品评外村或更远的世界。比如说，他们会以邻村为基点，对方圆 15 公里之内不同方位的人加一个贬称，以突显本村人的正统、有见识。北边的人是“北孙”，西边的人是“洼瘪”，南边的人是“蛮子”，东部山区的人是“山精”。“孙”“瘪”“蛮”“精”的说法，在当地都有贬义，用以调侃或表达鄙视，很是生动。在这些说法的背后，是洼子村人强烈的自我优越感。在他们看来，洼子村是个“文化村”，是这一带无可置疑的文化中心。

历史上，洼子村以东、以北的地区，地理相对更加闭塞，经济生活水平也一直不高，村民就喜欢拿“北孙”和“山精”说事儿，调侃中凸显自身的优越。为了增强调侃的效果，村民经常在贬称前加一个“老”字，称作“老山精”“老北孙”，以更显其落后和土气。不过，村西是大片的平原地形，又邻近张店、淄川等城市，洼子村人逢事西行时不免生怯，担心被看不起，有时候会变得敏感、易怒。

洼子村人为四邻贴上“山精”“北孙”“洼瘪”“蛮子”之类的标签，作种种

陌生化的想象，并不意味着要与对方尽量隔绝，相反倒正是为了在打交道时不落下风。事实上，即便是在交通闭塞的传统农耕时期，洼子村人也不可避免地常与“山精”打交道，他们之间交集最多的地方就是罗村大集。罗村大集是方圆几十里的经济贸易中心，“山精”“北孙”需要来此售卖柿子饼、核桃、软枣等山货，换取日常生活用品，入冬则需要来买煤，因此年集一般是非来不可的。罗村大集上只要一出现“山精”“北孙”打扮的人，大家就会奔走相告，群起围观。倘若某年年集，竟然没有“山精”出现，这对当地人来说就不免感到扫兴。时至20世纪90年代，“山精”“北孙”已经很少在罗村大集上出现，但关于他们的故事却依然是洼子村人拉呱的素材，成为村落集体记忆中的重要组成部分。其中，村民张宏溪[①]、张宏浩[②]的叙述最是生动。

逢五逢十，罗村大集

(一)与“山精”较劲

有一年冬天，洼子村一个老农去赶年集，突然一阵内急，便跑进大集边

① 张宏溪，男，洼子村人。访谈时间：2002年8月20日。
② 张宏浩，男，洼子村人。访谈时间：2002年8月20日。

上的茅房里解手。进去以后，才发现有个“老山精”也在解手。老农走得着急，没有带手纸，就想跟“老山精”借点儿，但碍于自尊不好意思主动开口，盘算着等“老山精”拿纸自用时趁机借一点儿。没料想，“老山精”却另有自己的小九九，他们解手用惯了一种廉价的糙纸，怕被当地人笑话，就一心要把老农耗走。大冷天的，两个人竟然就这么僵持起来了。时间一长，俩人就杠上劲儿了！老农觉得自己是“上等人”，不能被一个外来的“老山精”占了优势；“老山精”觉得自己即便是地位低下，也要有骨气，万不能在这些小事上被当地人看不起。

俩人竟然耗了大半个时辰，直到老农的儿子一路找到这里来。老农看到儿子来了，顿时有了底气，冲着儿子大喊：“去家里西房屋，把我的大棉袄拿过来，我就不信我靠不过这个‘老山精’！”儿子一听马上扭头就走了。“老山精”害怕了，再也不敢计较面子，慌里慌张拿出手纸就用，利利索索要走。老农心里想，他擦擦屁股走了，我大冷天地还在这里蹲着有啥用，我也走吧，就硬着头皮开口向“老山精”借手纸。有了这段插曲，洼子村老农和“老山精”从此以后竟然成了好朋友，甚至像亲戚一样相互走动了20多年。

每到年前，洼子村老农家里就会收到“老山精”带来的核桃、山楂、软枣等山货。年后，老农就带着馒头、炸肉、酥鱼锅等年货进山去回访。洼子村人评价说：“人家这朋友交得不赖！”

（二）“揽地瓜”

20世纪50年代以前，当地经常遭遇灾荒。一遇到灾荒，地里就会减产甚至颗粒无收，这对以种地为生的洼子村人来说是一场大灾难。俗话说“有山饿不死”，对于靠山吃山的“山精”来说，任何灾荒都不至于让他们的生活陷入绝境。此时，一向知书达理的洼子村人，为了活命就会做出些越界的事儿。在当地有“拾秋”的说法，意思是在别人收割过庄稼的地里捡一些被漏掉的粮食。多种“拾秋”活动中，最常见的是“揽地瓜”，因为地瓜长于地下，容易遗漏。“拾秋”之举为当地人所默认。不过，灾荒年头的“拾秋”经常会变味儿。

有一年秋天，洼子村人实在是没有啥吃的了。村里7个青壮劳力带着镢头和筐，步行五六公里去“山精”未曾收获的地瓜地里“拾秋”，刨了七大筐

地瓜。正准备往回走的时候，被“山精”护秋队两名队员发现了，于是前跑后追，一直追到洼子村头，双方都累得跑不动了，便开始谈判。洼子村人自知理亏，提出来愿意将粮食如数奉还，拿回自带的农具。人赃俱获的“山精”不肯善罢甘休，提出要将“作案工具”一并收缴。双方僵持不下，洼子村人便把相邻的南韩村、河东村村民喊来调解。两村自然是向着洼子村说话，最终决定粮食如数奉还，农具洼子村自留。

协议一经达成，双方立即停止争吵，客客气气地商量后续事宜。两名“山精”很信任洼子村人，只留下一人看管地瓜，另一人连夜赶回家，明天领人来搬运。已经闹饥荒多日的洼子村人，非但没人趁机偷拿地瓜，还给这位留守的“山精”青年送茶送饭，搭棚铺床。两村之间不仅没有记仇，还慢慢有了姻亲关系。

二、“礼仪人家”

洼子村人说话，喜欢以“按礼说”“老话讲”“论老礼”“俗话说”等开头，一番引经据典，追溯历史，旨在为自己的观点和行为提供合理性依据。“礼”或“老礼”无形中就代表了村中的道德标准。“礼”是什么呢？村民张宏溪说：

老礼是咱们老祖宗一代代传下来的，具体有啥不好说，得看办啥事，啥事都有礼数……总起来说，就是要求我们无论讲话还是办事，得按照老一辈的规矩办，做人要讲礼数，讲文化。

老一辈规矩再多，你也不能嫌麻烦，该怎么办就怎么办，马虎不得……人后你干什么咱管不着，人前你得有礼貌，分轻重。[①]

他这一席话透露出洼子村人对“礼”的理解：“礼”是一代代流传下来的老规矩、老传统；“礼”是不证自明的为人处世的准则，其权威性不容置疑；“礼”既是做事的依据，又是对个人道德修养的要求；“礼”并不等于简单的条条框框，不同的人和事在“礼”上可以有不同的说法。显然，洼子村人的“礼”，与村落历史发展和当下日常生活实践是紧密联系着的。

① 讲述人：张宏溪，男，洼子村人。访谈时间：2010 年 2 月 8 日。

（一）家谱之“礼”

洼子村人讲起“老礼”，最明确的依据是清光绪年间修缮的《张氏世谱》。《张氏世谱》的字里行间，反复强调要崇尚礼数和教化人心，尊崇古圣贤之道，提倡后世子孙学习诗书以修身养性。特别是《族规二十二条》，除了交代祭祀、宗祠、尊亲、世谱、墓田、茔树、田宅、义塾、子女、孤弱等宗族事务之外，还以较大篇幅言说“蓄诗书”与“师正学”。如：

> 蓄诗书以训子孙。先儒有言曰，子孙虽愚，经书不可不读，诚以变化气质在于诗书。小而束筋骸，范性情，绳步驱；大而诚意正心，修齐治平，何莫非诗书之益乎？自今族中维以圣经贤传，日事讽咏，若夫妖妄怪诞之书，淫祠俚谚之本，慎勿披览……示专以孔孟为观法，不为邪说诡行所陷溺也。
>
> 师正学以戒歧途。韩文正公《原道》一篇分“正学”与“歧途”，然今古正学则尧舜禹汤文武孔孟之传是也，歧途则杨墨释老，凡反乎古圣道，似乎古圣道而实非古圣道者是也。自今族中，持身涉世务以先圣先贤先儒为鹄……

《张氏世谱》不仅有规约，还注意塑造家族中的礼仪模范，其中载录了晚清时期被当地公举为乡饮耆宾的 7 人，推崇其博文约礼、内敛谨慎的做派和温厚性情。例如：

> 十三世祖宗照，性直，不可干以私……举乡饮耆宾。
>
> 十三世祖积，性朴素……道光中举乡饮耆宾。
>
> 十五世祖永松，性慈厚，与物无竞心……公举乡饮耆宾。

此外，世系图中在姓名后附有简介的共 57 人，多赞誉其个人性情，如朴素、明敏、颖悟、豁如、俭朴、好静等，而温厚、慈厚、憨厚、憨直、公直、耿介、刚正、凝重、谨慎、谦逊、谦让、谦和之类赞其品行的语词就更是常见。这些人或有功名，或有才气，或有功德，或有德行，或兼而有之，成为子孙后代尊崇和仿效的对象。在后人不断的言说和实践中，洼子村讲究礼数、尊重文化、凡事内敛含蓄的家风，就逐渐推衍为村落的整体形象。时至今日，村民依然以“重文讲礼”自我标榜，很看重自家“文化村”“礼仪村”的形象。

（二）相处之“礼”

“讲礼”在当下日常生活中的应用，是与村民解决各种“事儿”相关的。洼子村人口中的“事儿”，既可以是当下具体的日常活动，如“红白事儿”“办事儿”，也可以是某种不正常的状态和现象，如“有事儿”“摊上事儿”，还可以是与历史有关的一种责任或权益，如“你的事儿”“咱的事儿”。但在村民看来，所有的“事儿”，无论是过去还是当下，都被一个“礼”字牵着。凡事合乎礼仪，就能妥善处理好各种“事儿”，而理顺各种人情关系则是最重要的。

洼子村人常说：“亲戚中个举，不如邻舍家买个驴。”意思是说“远亲不如近邻”。村民非常注重邻里关系的经营与维护，认为这是必须遵守的“老礼”。如村民所讲：

> 老话说：“盖屋打墙，邻舍家帮忙。”你的邻居家要是有事，村里人看到你家没人在那儿帮着忙活，保准会笑话你家没礼数。这句话就是说，邻里就得像一家人一样要往一起轧伙[①]，但你也不能轧伙太亲了。居家过日子，谁家还能没有点上不了台面的事？老话说得好：“捂得住瓶子的嘴，捂不住自己的嘴。”你要是知道了他家的这点事，假若有一天你抖搂出去，那就不好了。老话说：“说煞人，道煞人，舌头底下压煞人。”所以说，这里头有的是学问。[②]

有了这些“老礼”的支撑，洼子村人但凡涉及人际关系的“事儿”，无论面对的是家族、亲友、邻里，还是陌生人，都讲究小心谨慎，刻意端着身段。一方面是为了保持“温文尔雅”“知书达理”的理想形象，另一方面也为与对方保持一定距离。在村民看来，两个人的关系，即使再好也不应该“同穿一条裤子”，但关系再恶劣也不应该到冷眼相对的地步，凡事留有几分余地才好，因为有“三十年河东，三十年河西”的老话。能够“见人说人话，见鬼说鬼话”、做事敞亮的人，将人与人之间的距离拿捏得“不远不近”，恰到好处，总会受到全村人的高度评价。“不远”的底线，是“盖屋打墙，邻舍家帮忙”；“不近”的底线，则是邻居不愿公开的事不乱看乱说，不乱打听，不瞎掺和，很有些“非礼勿视，非礼勿听，非礼勿言，非礼勿动”的意思。

---

① 轧伙：本地方言，意为往一起凑合。

② 讲述人：张世豪，男，洼子村人。访谈时间：2006年8月15日。

在这一带乡村，洼子村就经济水平、政治地位以及村落势力而言无疑处于下风，但他们选择了以“有文化”“讲礼数”为标签来经营村落形象，获得心理优势。洼子村人谈起几个邻村，往往以“罗村骄，南韩烧，河东贼”来评价，“骄狂”“烧包”“贼滑”无疑是文化根底浅甚至没文化的表现，是村民努力要规避的，他们以此获得“我们村幸好没有那些毛病，因此并不比别的村差，甚至比他们还好”的美好感觉。正因如此，当别的村嘲笑洼子村人“穷讲究，讲究穷，越穷越讲究”时，洼子村人不怒反喜。这至少证明，他们努力营造的“文化礼仪村”的形象已经与“穷”的村落现实一样得到公认了，恰好他们认为“穷”并不是那么重要的事。如村民张世华讲：

> 穷不要紧，谁家祖上没穷过！数到 30 年前，哪个村的大姑娘愿意嫁到韩柳沟（南韩村）去？但文化可不是每个村都有的，把咱们村现在所有当老师、教授的集合起来，办一个高中一点儿问题没有。①

（三）家门之“礼”

在洼子村南头，有一套组合式的四合院，住着张家多户人家，人口最多时达到 50 多人。这其实是一座官宅，最初是晚清时期南邻河东村一位叫王作远的官员买下洼子村的地兴建的。清末民初，王作远打了一场官司，输掉全部身家，不得已售卖宅院，被洼子村的张美春、张邦斌父子买了下来。

> 这位宅子是官宅，全部都是瓦屋，就是说房顶上都是黑色小瓦片，跟庙宇一样，不像别人家的都是稻草房顶。屋脊上还立有一排排烧制的小“哈巴狗”（五脊六兽），只有当官的才能有这个东西。咱们把宅子买过来之后，立马就把这些小“哈巴狗”一个个都敲掉了。宅子以前有好几个院门，正门位于现在张宏浩的住所南边，几乎正对着洼子村围墙的南大门。门口有两块上马石，门上有四个门钉，从南大门往下就是王家宅的花园，咱们也买下来了。那时候咱们家大势大，为人谦和，人家就叫咱们“瓦屋张家”。②

洼子村现在仍有“瓦屋张家”或“南头瓦屋张家”的说法，是对这一带良好家风的赞誉。晚清以来，“瓦屋张家”虽然家大业大，但为人低调，从不张

① 讲述人：张世华，男，洼子村人。访谈时间：2006 年 8 月 15 日。
② 讲述人：张宏溪，男，洼子村人。访谈时间：2011 年 8 月 20 日。

扬，族长张美春以“博文约礼”立家，注重家庭道德教育，为这个大家族优良家风的形成奠定了基调。同时，他还广行公益，义结乡邻，“行了一辈子的好”，曾被推举为乡饮耆宾。庄里乡亲感念其恩德，送匾“品重膠(胶)庠”。后人一直将这块匾悬挂在大门之上，自警自励。

张美春之后，独子张邦斌继任族长。他是村里少有的文化人之一，曾经在家里办过私塾。张邦斌育有八子，颇重家风，八个小家庭长期和谐共居，受到村民一致好评——“别看人家人多，兄弟妯娌从来没红过脸”。“瓦屋张家”的名声就传扬开了。

20 世纪上半叶，社会动荡，匪患、战乱波及“瓦屋张家”，又连遭官司、投资失败等变故，张家迅速走向败落，张家后人也陷入穷困之中，不过倒也因祸得福，在土改划分阶级成分时落了个“下中农”。家门老规矩依稀还在，努力维持着“礼仪人家”的一份尊严。

近十几年，瓦屋张家大多搬了新家，散居村落各处，年轻人大部分在大城市安了家，老宅子只剩下了 3 户人家。不过，逢年过节或遇有红白事、上坟祭祖等活动时，家族的公共生活仍有维系。“瓦屋张家”每次聚会都温情脉脉，不见有人“耍酒疯”，也没人粗声大气地说话，这些做派至今仍然为村里人所津津乐道。

“瓦屋张家”现任族长是张宏溪，他这一代有兄弟 15 人，下一代则有兄弟 26 人。张宏溪粗识文字，仁厚立身，一辈子吃了不少苦，却能乐天安命。他朴素、敦厚、坚忍、乐观的人生态度，深深影响到子孙后代。今年 86 岁的他，已是四世同堂，子孙辈出了两位博士，且都在著名大学任教。在村民心目中，他就是个爱开玩笑的“老伙计”，甭管什么辈分、多大年龄的人跟他嬉闹，他都是嘻嘻哈哈的，一副无所谓的劲儿。村民们都说：“孝顺家出孝顺人，他才是真正的有福之人!”

三、书法名人

洼子村人自视为“文化村”的底气，一大部分就来自本村深厚的书法传统。每当向外人谈起，村民常常以张金山、张宏浩为典范，说“俺村出好先生”。

既为远近闻名的“文化村”，洼子村少不了舞文弄墨的传统。晚清以来，本村多有私塾先生在邻村设馆。20 世纪 50 年代以来，受到“书法奇人”张金山的影响，本村涌现出一大批书法爱好者，在当地颇有名望。

张金山，男，1923 年 7 月出生于洼子村，从小就爱好书法，经过一番勤学苦练，终有所成，擅长正楷、小楷和行书。1943 年开始当私塾先生，1949 年以后任教于本村小学，历任小学教员、校长、教育组组长等职务。他主动在课堂上开设书法课，每周一次，每次两个小时，手把手地教学生写毛笔字，每个学生必须写满一整张大仿纸才算完成课业。从此，书法算是在洼子村扎下了根。

洼子村是“书画之乡”

当时跟他学书法的张宏浩、陈奎森、孙秀堂、赵京忠、张宏仪、张宏清、张笃伦、张笃杰等，日后都加入了淄博农民书画协会、淄博老年书法协会等组织，不时地参加当地各种书法展览，为洼子村赢得了不少荣誉。其中，张宏浩擅长小楷；孙秀堂擅长草书；赵京忠、陈奎森擅长行书；张笃伦从小就爱画马，虽无名师指导，却无师自通渐渐画出了名气，当地求他画马的人很多。在书法功底好的下一代人中，有擅长写小楷的咸玉锋，还有张世本、张世华、张笃学、张世殿、张笃连、陈玉琦、张群等，也都在当地小有名气。当然，人们公认书法最好、能够代表洼子村水平的，还要属张宏清、陈奎森、张宏浩三人。

张宏清，男，1944 年生，高小文化水平，以木匠为业。他小时候就开始接触书法，但迫于生活压力，难以坚持练习，就常以为村民写对联自娱。他正式练习书法，已经是 60 岁以后了，先是通过临摹本村书法高手陈奎森的作品来寻找感觉，结果在 2008 年的一次书法交流会中，有位关系不错的朋友笑着对他说：“你简直写成了陈奎森体！”朋友的一句玩笑话，引发了张宏清的长久思考，此后他不再临摹陈奎森的作品，而是翻出多年前购买的三本书法名帖，规规矩矩地从楷书练起。一辈子的巧木匠生涯，带给了他“细腻如发”“分毫必较”的风格，仅仅不足一年，其楷书就得到了广泛认可。他的楷书作品曾在一个书法交流会上获得大奖，这也着实让他兴奋了好几天。目前张宏清、陈奎森与张宏浩已经正式加入中国小楷书法家协会，大器晚成的张宏清，被公认是洼子村书法的高水平代表人之一。

书画给村民带来了荣誉

陈奎森，男，1952 年生，1970 年参加工作，长期担任淄博矿务局洪山矿保卫科科长，曾在北京煤炭管理干部学院进修学习，受过两次三等功嘉奖。在姐夫张宏浩的影响下，陈奎森很早就修习书法，2005 年退休之后集中精力研习书法，每天坚持数小时，长年不辍，终有所成。目前，陈奎森是中国书画家协会、中国小楷书法家协会、淄博市书画协会的会员，还是淄博市书协罗村分会的副会长兼秘书长。陈奎森具有较强的组织能力，近十多年来陆续介绍本村人张宏清、咸玉峰、张世本、张世华、张笃杰等加入淄博市书画协会。他还与人合作在当地开办了锦川书画院，担任副院长，聚集了罗村镇一大批书法爱好者相互交流学习。

张宏浩，男，1939 年生，高小文化水平。1958 年正式参加工作，在洼子村

小学任教 27 年。1985 年，调入罗村镇中心学校工作，直到退休。1949 年，张宏浩 10 岁，第一次在张金山的练习班上接触书法，从此养成了天天练书法的习惯，主攻小楷，抽空就练，如痴如醉。1987 年，淄川区举办迎春书画展，张宏浩以一幅小楷《朱柏庐治家格言》荣获二等奖，可谓天道酬勤。更难得的是，张宏浩长年坚持以书法为村民服务，是全村人有口皆碑的“好先生”。

在洼子村，书法是一种典型的庄户艺术，与日常生活息息相关。张宏浩的书法之所以在村里大受好评，固然与他的水平精进、技艺高超有关，更重要的则是他始终没有让自己的书法脱离群众，凭借自己写字好的特长，他常常为村民解决各式各样的问题，几乎是有求必应。

每年春节，洼子村都要为烈军属赠贴对联。对联讲究手写，需要由书法好的人来完成。张宏浩每次都自告奋勇义务撰写对联，坚决不收村委或个人一分钱，几十年如一日。每一副对联，他都是全神贯注工工整整地书写，自觉不满意就重写。此外，洼子村有大年初一清晨“敬天爷爷”的习俗，需摆放一个牌位，举行一番请神、上供、送神的仪式后烧掉。每年年前，张宏浩都会主动帮村民写牌位，明知是要很快被烧掉的，却依然是一笔一画，没有一丝一毫的放松。遇有红白事，他也是不请自到地做记账员，留下的账目一清二楚，一笔好字让人爽心悦目。因为村民经常请他帮忙写东西，频繁涉及各种各样的文体，他就把村民常用文体的格式，细心地用毛笔誊写到一个“礼仪文本”的本子上，以备用时之需。这份“礼仪文本”，也就担当了村民“生活日用大全”的作用，现将其展示如下：

(1)为莲花庵观音菩萨奠基抄写此文

莲花庵始建于明朝天启年，清乾隆年间与民国十三年(1924 年)次第重修，成为一包罗宏富、佛道合一庵院。几百年来，远近善众竞相朝拜，香火鼎盛，灵应异常，后改建为学校，欣逢盛世，顺应民意。镇村首倡重修扩建，四方拥护，罗村乡贤刘建业先生效法其曾祖，发愿重修此庵，捐资百余万，于建筑群西择定佳址，塑一总高二十二点三米三面大铜观音像，于公元二零零五年农历十月二十日(公历十一月二十一日)吉年吉月吉日举行奠基典礼，翌年六月十日，观音菩萨三面金身将屹立于此。慈瞰我中华大地太平安定兴旺昌隆，祐佑我一方百姓喜庆吉祥，福寿安康。

盛世也，幸事也。

是为记。

乙酉年十月二十日

(2)

如意钱褡亦非凡，也度女来也度男。

先度中妖头一度，又度善人万万千。

我问钱褡盛的啥，里头盛的经和卷。

我问钱褡哪里去，善人背着上高山。

上去高山见老母，陪伴老母不落凡。

公历二零零四年农历杏月上浣　谷旦

(3)金银宝褡文

普劝道友们，侧耳细听，有一女(男)说一句记在心中。真菩萨去行好，去一程又一程。不恋家中和家人，全成了有功有德，到山上点上名。挂上号，这是有缘的前来相逢。到山上烧上香，磕下头，回家转，老和少都得太平。

山东省淄博市淄川区罗村镇洼子村弟子某某某自制金银宝褡

(4)立茔卷文

为先卜兆某某某立予修坟房，买到牛眠龙岗吉地一方，前至朱雀，后至玄武，左至青龙，右至白虎，上至青天，下至黄泉。六至以内锦绣净土，千祥云集，厥后克昌。后之来者，卜占此方此处，价银九十九筐。青衣童子调调说，吉祥富贵人，顶身寿无疆。立此卷，文内坟中藏，恐口无评，卷文为证。

仲人　白鹤仙童　青衣童子

公历某年某月某日　吉立

(5)叫魂单

申子辰在庙门，乙酉丑在路口，亥卯未在宅内，寅午戌在墙根，井边河岸沟壑山林，荡荡游魂到处无存。

请上　土地　门神皂君　宅神

速找游魂，到处无存。半夜三更，送到家门。床头炕根，交付本身。真魂附体，就有精神。三日管好，重谢灵神。吾奉太上老君急急如律

令，为某某某找魂。

公历某年某月某日　讨

(6)嫁娶婚元书

乾选某某，现年　岁，出生　年　月　日　时辰

坤选（同上）

嫁娶　年　月　日　时进宅　　　　大吉

娶送女客忌　　以及妊娠之妇避之　　大吉

安床设帐宜用　　　　大吉

新人上下车面何　方迎喜神　　　　大吉

路逢井石桥庙宇俱宜用红毡遮之　　大吉

金玉满堂

长命富贵

公历　年　月　日　立

(7)婚姻美满　福寿双全

选主婚（姑翁）命　岁，不犯天罡何魁福寿　　大吉

选主婚（女男）岁，不犯命岁星喜庆　　大吉

选嫁娶择于本月　日　时进宅过门　　大吉

选娶送客人忌　　四相，孕妇孝女不用　　大吉

选安床帐宜　屋　坐庚何甲　　大吉

选路逢井石庙宇破窑大桥红毡遮之　　大吉

其余无碍皆吉祥

公历　年　月　日　立

(8)老母生日绣荷包用语

福如东海　寿比南山[①]

红金荷包青镶边，老母名字在上边。

这荷包，真是红，里边装着金银经。

金经银经填个满，带上荷包去行好。

① 此为荷包上所绣的吉祥语，下面为敬献老母时的祈祷语。

走金桥，过银桥，走了南京走北京。

手拿金钟搏金钟，金钟是龙声，一舍善有名。

省 市 区 镇 村 某某某上

公历 年 月 日

(9)路引书

人有真心普佛前，双手举香念真言。

真言妙法诚心念，老母听见也喜欢。

金童玉女列两边，路引牌子好过关。

过关揣着五件宝，谁能拦着去过关。

通天大道路引行，合伙修行有功名。

修成好当心常话，手指路引好进城。

巡成进宫见老母，见了老母打下躬。

老母就在莲台坐，不知善人姓和名。

善人过来忙施礼，俺跟老母去修行。

龙头枝上落了坐，落下大院做证凭。

老母真言真心记，西家老母仗方明。

口里不住念真经，念句真经善人听。

春季老母身穿蓝，夏季老母身穿青。

文殊老母身穿黄，冬季老母穿考白，

无生老母穿大红。

拉住老母后罗裙，拉住老母不放松。

老母看见是实意，不知善人姓和名。

我把文书交给你，你就知道姓和名。

也有年来也有月，也有日期对合同。

龙华会上有连手，押院师父对实情。

老母认下儿和女，句句说的是分明。

送你龙天大道走，送你玉女和金童。

送你三宫和六院，送你安院坐金城。

送你祖母立三拜，三去三拜求于生。

各自见了善生母，合家见母同路行。

观音老母听言音，字字行行来对真。

押言师父来对号，取宝引进说分明。

也有年来也有月，也有日期对合同。

龙华会上有连手，押金师父对合同。

老母认下儿和女，句句说的是分明。

念罢一遍路引接，人进逍遥进九宫。

省　市　区　镇　村　某某路引接

年　月　日入会

四、“教师村”

洼子村的文化“底气”，与村落重视教育和多出“先生”的传统大有关系。当地流传着一则“仇尚书念私塾”的传说，讲的是出生于近邻东官村的明朝尚书仇维桢，年幼时家庭贫困，在洼子村一位先生家念私塾，中午放学后没有饭吃，只能去东部山丘摘酸枣果腹的故事。虽然这只是一个传说，却反映了洼子村曾经私塾盛行的情景。据村民张笃杰回忆说：

> 洼子村虽然少有秀才、举人，但是自古就出先生，附近十里八村的孩童基本都来洼子村读私塾。现在虽然没了私塾，但是这种出先生的风气一直延续了下来，放到今天，就是从咱们村走出来的老师特别多。①

由于缺乏历史材料，洼子村早期私塾的开展情况已不得而知。在老一辈村民的记忆中，洼子村私塾、学堂在民国时期仍旧非常红火，特别是陈宗法、张邦斌、张良玺组织的学堂，远近闻名。其中，张邦斌是村里“南头瓦屋张家”的族长，所办私塾是旧式风格，主要以教授家族子弟为主。陈宗法是中国共产党的地下工作者，以学堂作为共产党的地下联络站。张良玺则将传统教育与现代学校的理念结合起来，是当时十里八乡最有名望的教书先生。张良玺，字子玉，出生于1898年，在后人对他的评价中，“博闻强识”“德才兼备”“德高望重”“淳朴立世”“令人信服”是经常出现的字眼。他毕生重视教育，当了一辈子教书先生，曾被授予“村校文委”的称号。同时，他还尤其注重家教，耕读传家，因此后代中出了很多人才，尤其是孙辈张笃杰家中七

① 讲述人：张笃杰，男，洼子村人。访谈时间：2015年2月10日。

位成年人竟有六名教师，其中三人担任过校长一职，张良玺一门成了远近闻名的“教育世家”。

1923年出生的张金山，是洼子村最后一代私塾先生。他高小毕业以后，曾经下过一段时间的煤井，1943年开始在村里当私塾先生，后被聘为小学教员，成为洼子村现代教育系统中第一位公办教师。自他之后，洼子村陆续出现了近70名教师，其中不乏校长、大学教授和拥有各种高级职称的教师。张宏浩、张笃杰二人曾对洼子村的教师队伍作了统计，大致名单如下：

洼子村担任教师人员一览表(截至2017年6月底)①

序号	姓名	性别	学历	工作单位	职务	职称	备注
1	张金山	男	高小	淄川区十五完小等	校长	中高	退休
2	张宏浩	男	高小	罗村镇中心学校等	教师	中高	退休
3	张宏仪	男	中师	罗村镇中心学校	校长	中高	退休
4	张世殿	男	中师	罗村镇中心学校	教师	中高	退休
5	张圣文	男	大专	淄博市第十五中学	教师	中高	退休
6	张笃杰	男	中师	罗村镇中学	校长	小高	退休
7	张丽华	女	中师	淄川区东关小学	教师	小高	退休
8	许友兰	女	初师	洼子村小学	教师	小一	退休
9	王淑玲	女	中师	洼子村小学	教师	小高	退休
10	张桂香	女	中师	洼子村小学	教师	小高	退休
11	邢玉珍	女	大专	洼子村小学	教师	中一	退休
12	张世忠	男	大专	罗村镇中心中学等	教师	中一	退休
13	张笃坤	男	中师	罗村镇中心中学	教师	中一	退休
14	张世玲	男	大专	河东村小学	校长	中一	退休
15	张笃旺	男	大专	南定煤矿子弟学校	校长	中一	退休
16	张世申	男	大专	淄川区党校	副校长		退休
17	郑立训	男	大专	淄川区教育中心	校长	中高	退休

① 表格统计时间截至2017年6月底，因时间仓促及其他客观原因，难免有遗漏或舛误，特此说明。主要信息提供人：张宏浩、张笃杰。

续表

序号	姓名	性别	学历	工作单位	职务	职称	备注
18	王玉明	男	大专	洼子村小学	校长	小高	因公殉职
19	张笃岳	男	大专	罗村镇中心中学	主任	中一	
20	张良瑛	男	大本	山东理工大学	主任	副高	
21	孙志强	男	大专	南定煤矿子弟学校	校长	中高	
22	张笃东	男	大专	淄博矿务局龙泉煤矿子弟学校	校长	副高	
23	张笃亮	男	大专	南韩村小学等	教师	小一	
24	张颖	女	大专	南韩村小学	教师	中一	
25	张海霞	女	大本	罗村镇中心小学	副校长	中一	
26	张云鼎	男	大本	西河镇中心学校	校长	中高	
27	张云鼐	男	大本	淄博十中	校长、书记	中高	
28	梁素芹	女	大本	淄川实验中学	教师	中高	
29	朱萍	女	大本	淄川城南中学	教师	中一	
30	张士闪	男	研究生	山东大学	副院长	教授	
31	咸玉亮	男	大专	罗村镇中心中学等	教师	中一	
32	张前锋	男	大专	淄博理工学校	教师	中高	
33	咸金国	男	研究生	上海交通大学	教师	副教授	
34	王翠玲	女	大专	中一洪山镇中心学校	教师	中一	退休
35	张笃伟	男	大专	淄博师范专科学校	教师	副教授	
36	王燕	男	大本	上海龙柏中学	校长	中一	
37	卢彬	女	大本	淄博理工学校	教师	讲师	
38	杜玉霞	女	大专	张店区教委	会计		
39	马进明	女	大专	洪山镇中心中学	教师	中高	
40	袁凤芹	女	中师	罗村镇小学	总务	小高	退休
41	张文华	女	中师	不详	教师	中一	

续表

序号	姓名	性别	学历	工作单位	职务	职称	备注
42	张翠珍	女	中师	瓦村学校	教师	小高	退休
43	臧素梅	女	中师	南韩村小学	教师	小高	退休
44	张凤娟	女	中师	河东村小学	教师	小高	退休
45	张金玲	女	大专	青岛市胶州第七中学	教师	中二	
46	张立娟	女	大专	淄博市第四中学	教师	中一	
47	陈磊	男	大本	微软中国公司	教师	讲师	
48	常飞	女	大专	淄川区第一中学	教师	中二	
49	张庚	男	大本	淄博市第四中学	教师	中一	
50	郭涛	男	大本	淄川区第一中学	教师	中一	
51	赵群	男	大专	寨里镇中学	教师	中一	
52	张玲	女	大专	蓝晶石艺术培训中心	教师	中一	
53	张倩	女	大本	淄博第四中学	教师	中一	
54	王华	女	大本	青岛科技大学	教师	讲师	
55	王鲁玉	女	大本	青岛东奥教育中心	校长	中高	
56	张寒冰	女	大专	罗村英语培训中心	教师	中一	
57	王京	男	大本	淄博第四中学	教师	中一	
58	刘红	女	大本	张店区第十八中学	教师	中一	
59	王永苇	女	大本	淄博中学	教师	中一	
60	张辉	男	大本	淄川区实验中学	教师	中一	
61	张跃进	男	研究生	中原工学院信息商务学院	教师	副教授	
62	张帅	男	研究生	浙江农林大学	教师	讲师	

五、文艺队

在当地有“洼子村不缺玩家”的说法，是说该村多有文艺人才和喜欢张罗这类活动的人。春节期间在本村举行文艺表演活动，为全村村民义务演出，已经是洼子村悠久的传统。据村民张宏浩说，早在20世纪早期，一进腊月，就有村民集合起来排演节目，那时候主要是包括高跷、四角芯子等的扮玩队伍。特别是四角芯子表演，在这一带唯洼子村独有，每台芯子由四个男人抬着，芯子上站有孩童，扮演《孙悟空过火焰山》《白蛇传》等剧情中的人物，是本村人的骄傲。整个扮玩表演活动场面很大，前有锣鼓开道，中间是芯子和高跷表演，后有旱船、跑驴、大头和尚等扮玩队伍，与观众逗乐，表演队伍浩浩荡荡，很有气势。与讲究团队协作、规模宏大、一本正经的芯子相比，以扮演市井小人物为主且追求个人随性发挥的高跷最能引人发笑，村里的老人至今对此津津乐道。如张笃学回忆道：

> 咱们庄的高跷队有二十几个小青年组成，每年春节后就和其他队伍去四外八村去玩十五。高跷队青年身穿红褂绿裤扮大姑娘；还有的扮演奸商，扮演者头戴瓜皮帽，身穿大褂，戴着八字胡，扛着大秤，拿着秤砣，一脸的奸诈样。还有那扮老头的，弓着腰，也有说辞："人老三不才，尿尿湿了鞋，见风眼流泪，放屁滋出屎来。"这些话虽然糙了点，但是没有这些话就不滑稽，有了这些话，再加上那些动作，观众才乐呵。
>
> 那时咱们村有个叫张笃辉的，踩高跷专门扮女人，其实他长得十足爷们相。他给自己化妆，涂脂抹粉，上别的村去表演，大家都说这是谁扮的大姑娘，咋这么丑？就没见过这么丑的大姑娘！他一下子就出名了，下一年再去表演，人家都问洼子庄那个丑闺女来了没？后来，这一带村民要是形容一个人长得丑，就说："这不就是张笃辉扮的闺女嘛，没有比她再丑的了！"①

20世纪50年代以前，灾乱频仍，兵连祸结，没钱购置乐器的村民，会在农忙时节的间歇，扎堆田间地头，说快书，唱小曲儿。1949年后，村民生活条件逐渐改善，村里一帮文艺爱好者活跃起来，在臧学如等人的组织下，每逢闲暇时就凑到一起排演吕剧、京剧、五音戏等剧种剧目。1956年，时为罗村公社第五大队的洼子村，集体出资1000元成立业余剧团，由大队会计、大队团支部书记张笃俊担任团长。村集体的热心扶持，让洼子村文艺爱好者的热情空前高涨，张笃俊还特意去潍坊买来某专业剧团撤换下来的戏袍，去周村购买各种乐器。那时候，虽然物价水平较低，但一套服装道具还是造价不

① 讲述人：张笃学，男，洼子村人。访谈时间：2015年2月10日。

非，单单买一件替换下来的八成新小生道袍就花去 69 元。

剧团设备大体置办齐全之后，由于许多年轻人都没有戏曲功底，还面临着学戏的问题。好在当时洼子村业余剧团因为“开风气之先”，受到淄川区文化馆的重视，他们帮助张笃俊与当时名声大噪的“五音泰斗”、艺名“鲜樱桃”的五音戏大师邓洪山取得联系，获得了集体观摩学习“鲜樱桃”演出的机会，还特别指派有着指导大型剧团表演经验的耿殿浩老师长期住在洼子村，教村民们学戏和布置舞台。此后，淄博市文化馆又指派一位姓杨的老师前来指导。洼子村旧有演艺传统，再加上业余剧团年轻人的一股闯劲，仅仅几个月后，居然就能演出长达几小时的整出大戏了。1957 年，洼子村业余剧团在排演吕剧、五音戏之余，又开始练习京剧，此时剧团已经开始到处演出了。村民回忆说：

> 那时候咱村弄得不善[1]，可以说是轰轰烈烈。罗村公社有罗村、聂村、河东、洼子四支业余剧团，但唯独洼子村的受到了淄川区文化馆的重点关照，就是因为咱们事先就“折腾”起来了。“折腾”靠的全部是热情和爱好，剧团刚成立的时候参加表演不给工分，没有任何外快，还得搬着东西走着来回。演出都是晚上出去。咱们庄剧团演得好，他们就愿意咱们去演，山铝（山东铝厂）、洪山煤矿都去过，都是慰问演出，没人给钱，人家只是提供场地。比方说去山铝演出，有场馆，一般都是晚上开演，咱们下午就得出发，各人扛着各人的东西，从沣水那里走过去，得有个十五六里。演完了，还得拾掇好东西再走回来，到家都得晚上 12 点多。这还是有场地的，要是去村里没有场地，咱们还得自己搭戏台子呢。[2]

当然，出外演戏虽然没有报酬，但主家总会拿出一些香烟、糖果犒赏大家，演出结束后都会管饭，吃得比较简单，10 人一桌，上一大盆大锅菜，馒头管够。平时很少吃到白面和肉的演员们，非常享受这样的“大餐”。

1959 年，“淄博市全市文教群英会”在博山四十亩地小学（当时博山区是淄博市政府驻地）举办，洼子大队作为罗村公社文艺团体的杰出代表应邀参加，并因为在文艺演出、扫盲、造林、生产和卫生五个方面的突出表现而获得

① 不善：当地方言，是很好、相当好的意思。

② 讲述人：张笃俊，男，洼子村人。访谈时间：2015 年 2 月 8 日。

一等奖，是罗村公社唯一的一个先进单位。会议连续开了五天，张笃俊代表洼子大队上台演讲，时任大队书记的王伟臣上台领奖。张笃俊回忆说，所获锦旗有两米多长，上面写有"高举毛泽东思想伟大红旗，向五红基地进军"等字样，个头并不低的王伟臣需要站到椅子上，才能将锦旗完全展开，以合影留念。

20 世纪 60 年代末，洼子村业余剧团演员纷纷成家立业，村委会为继续调动其积极性，制定了演出享受工分贴补的制度。1971 年春节，洼子业余剧团临时改称"罗村公社洼子大队毛泽东思想宣传队"，排练了《沙家浜》等革命样板戏，去往各地演出，此时参加排练和演出的演员是按天挣工分的。20 世纪 80 年代以后，随着包产到户的推行和生产队的解散，红红火火了近 30 年的洼子村业余剧团自行解散，戏曲表演重新回到村民业余爱好的状态，只在逢年过节偶有丝弦之声。

20 世纪 80 年代末，洼子村周边村办企业飞速发展，扮玩活动有所恢复。由陈玉琦等人领头，洼子村人自发成立了一个文艺表演队，凑钱购买了价值不菲的专业音响设备，又一次红红火火地大搞起来。因为这种"耗钱买乐"之举，几个人还被村里人冠以"热孙"的雅号。这支文艺表演队最盛大的活动，就是春节期间在村委大院义务组织表演。慢慢地，陈玉琦带领的文艺小分队在这一带有了名气，每年一进腊月，周边邻村和企业纷纷来请演，预订年后去演出，获得一定的报酬。陈玉琦就当真成立了"洼子村文艺表演队"，自任队长，负责经营表演队的日常事务、联系演出单位等工作。那些年，他们曾去过罗村镇的聂村、东关、西关、南韩、北韩等村，南定镇的田家、岳店村等，甚至还去过临淄区的辛庄村，经常是上午、下午各赶一个场。每次报酬少则 100 元，多则 500 元左右，参与演出者平均分配。最受欢迎的节目，是他们依据传统曲目形式自创自编的《娶婆婆》和《门当户对》两出大戏。直至 90 年代后期，这一带村办企业纷纷倒闭，文艺表演队活动大受影响，但依然有所延续。

21 世纪初，新一届洼子村村委会成功引进了一个中型的陶瓷厂项目，解决了村里大部分青壮年的工作，也为村落基础设施改造提供了比较充足的资金，并鼓励这支文艺演出队重新活动。2005 年农历正月初八，村委大院又一次热闹起来。一份节目单，显示出文艺表演队非凡的艺术活力和多样

才华：

节目一　歌剧：《沂蒙颂》

节目二　小合唱：《新村优美人寿长》(旧曲新唱)

节目三　黄梅曲联唱：《我们村庄无限美》(旧曲新唱)、《树上鸟儿成双对》

节目四　新编歌舞小品：《四个胖嫂练健美》

节目五　快板书：《做人难》

节目六　新编山东琴书：《夸夸农村新面貌》

节目七　吕剧选段大联唱：《借年之后》《张大娘淘完了米》《小姑贤》《提起这个小老婆》《见窗外月影斜》《马大宝喝醉了酒》《墙头记》

节目八　京剧选段联唱：《西厢记》《红娘》《贵妃醉酒》

节目九　现代戏曲选段联唱：《沙家浜》《红灯记》

节目十　五音戏选段联唱：《李二嫂改嫁》《王小赶脚》

“文艺队长”陈玉琦

村民对这场演出评价很高，并赞誉说队长陈玉琦功劳最大。陈玉琦，男，1955 年生，小学文化，在本村务农。生产队时期，陈玉琦因为脑子活络，勤劳肯干，当上了生产队队长，后来还当了村委委员，担任过洼子村煤井厂长、制氧厂厂长等职务。他是乡村里的能人巧手，厨师、泥瓦匠、跑买卖等没有不会的，特别是自学简谱、拉京胡、月琴和二胡，竟也有模有样。每天晚上，只要天不太冷，十七八个“戏迷”就聚集在村西头小广场上，吹拉弹唱两个多小时，尽兴而散。到了冬天，大家就聚在陈玉琦家宽敞的房子里继续排练。时间一久，村民就戏称他们是“洼子村文艺小分队”，陈

玉琦是“文艺队长”。陈玉琦本人对此很是自豪，因为俗话说“管得了千军万马，管不了庄户杂耍”，而他恰恰管得很好。

六、“信神难”

在洼子村绝大多数家庭中都供有灶王爷，很多家庭都有神龛，供奉观音菩萨或财神。对于村民来说，礼神拜佛也就是个心意，只要保证灶王爷像、神龛前的茶杯中有水，旁边有几个水果或者饼干即可，心到神知，不需要烧香磕头。但是要想知道都有些什么神灵，住家神灵怎么回事，遇到神神道道的事应该怎么办，就要请教村里的善人或者神婆了。这些善人或者神婆，以皈依或者被附身的方式与神灵建立了联系，平时严格遵守规矩礼神拜佛，懂得神事，在村民心目中是相当神奇的人物。现年77岁的张俊英就是如此。

在洼子村人看来，张俊英属于“苦修得神”的善人。她从年轻时就一心向佛，家中常年放有佛龛，时时烧香拜佛，农历每月初一、十五都要虔诚供奉。到39岁那年，张俊英正式加入村里的“老母四季会”，吃斋念佛很是虔诚，至今已近40年。她对于这段经历甚感自豪：

> 我是农历三月初六入会，当年39岁俺就上了天门，是农历三月初六下午三点正式到的泰山南天门。我是夏季入会，还不是秋季，也不是春季，按正理说入会是春季最好，一年四季春上最好！但是正好三月初六我在泰山上，泰山对咱这佛家、道家来说就是神山、仙山，在那里入会比在咱这家里入会还光荣呢。入了会以后，就得什么活动都参加了，几月初几干什么事，去哪里上供，俺都跟着去，全村人没有一个比我去得勤的，从来不说有事去不了，就是真有事，我也得先顾这头。
>
> 这样过了10年，到了49岁那年，我就皈依佛祖了，我是咱这村皈依佛祖最早的。下沟的二婶今年80多岁了，皈依佛祖的时间还比我晚五六年呢。皈依比入会程序还多，跪在那个地方，那佛家他就问你啊。第一是戒杀生；第二是戒饮酒，戒偷盗。他都问你，俺就和宣誓一样，跪在那里宣誓。宣完了呢，就问你皈依谁，我说皈依弥勒佛。我那本子上就注明皈依弥勒佛，还给我起了法名，拍了照片贴到上头，我就成了他的弟子了。皈依了佛，俺就不杀生了。当时我还问他，那要是我去地里打

药水闹虫子，算不算杀生？人家说不算。以前的时候，就是打死个蚊子都不行，现在这政策还放宽了。要真是说不行，我肯定就不去打药水了。发给俺的证，俺年年还得去淄川区审证。有这个证，不管什么时候有封建迷信啥的，都和俺没关系，俺这就是正佛，有证，是教育人，是大佛寺那里下来的。这和咱们村那些动不动就疯了傻了，谁谁谁上了身的人，一点也不一样。你说这佛家做善事就是理所应当的，怎么还能收人钱呢！俺修行30多年，从来不和人说俺有多能，也不给人看这号那号病。但是要说是怎么供养佛祖，这东西俺懂。俺帮人家上供从来不要钱，俺觉得他们给佛祖上供是心中有佛祖，俺高兴还来不及，恨不得给他们钱，咋还能问人要钱呢！①

随着年龄的增长和自身阅历的增加，张俊英逐渐取代了老去的会首，成为“老母四季会”东会的会首。在村民眼中，张俊英虽然没有巫婆、神汉之类人物的“神通”，但在处理与佛祖、神仙之间的关系方面很有权威性。她恪守佛门中人的清规戒律，每天都要花费大量的时间诵念佛经，敬神拜佛，每逢农历初一、十五都要为家里的神灵上一次小供，特意做一些炸鱼、炸肉、饺子等供品摆放在桌前，斟满酒，点上香，将神灵请下来，最后还要敬献一两刀皇粮，将神灵送走。

为张俊英带来更大威信的，是她几乎参与组织了村里所有的集体信仰仪式，包括一年五次的“接季”、一年三次的“打路斋”、莲花庵“献轿”、农历三月三王母洞香火会、农历四月八拜老佛爷、农历十月十五白石洞香火以及大年初一的“敬天爷爷”等。她不仅仅是这些仪式活动的组织者和积极参与者，每到需要捐钱的时候，都是她捐得最多，还带头置办供品。更重要的是，她能够凭借所掌握的信仰知识，组织、掌控上述信仰活动的秩序，达到“圆满”。她曾回忆2009年大年初一的“敬天爷爷”仪式：

2009年，咱们小区第一年敬天爷爷，我四点半出来，开始收拾东西。他们一看到我家车库的灯亮了，就都端着供品出来了。我安排他们怎么摆桌子和供品，通过安排才知道，他们平时都是光知道拜，不知道咋拜。咱们站在北边向南请佛祖，佛祖下来以后肯定是在南边坐席，所以

① 讲述人：张俊英，女，洼子村人。访谈时间：2015年2月10日。

就得把酒盅碗筷摆在桌子南面，香炉摆在桌子北边。有的人把香炉也摆在南边，那不就相当于烧了佛祖们的下巴了嘛。桌子上的供品也得分先后，先摆菜肴后摆饺子馒头，先摆茶杯再摆筷子，最后摆酒盅。这都是咱们这里的待客之道，客人来了，肯定先茶后酒，先菜后面。有一个地方没弄好，人家就嫌你不懂得礼数。

到五点左右我看人来得都差不多了，就跟他们说，以后就五点开始请神吧。请神就意味着仪式正式开始，请神应该是心里默念，但是他们都不知道请的有哪些神，我就特意念出声来："上请佛祖，下请玉皇、地堂，西请当庄菩萨、观音菩萨、路上神仙，东请山宅财神……"给仙家们摆张小桌子，一是怕他们打扰佛祖落座，二是过年了也得照顾照顾他们。

请神以后要献皇粮，咱这儿人多，也不能各家献各家的，呜呜喳喳地，佛祖也不知道听谁的好。我就统一给他们献，谁家有啥要求，就提前跟我说。献皇粮也有套路，比如说："淄博洼子村东头×××敬献皇粮十刀、元宝一百个，请求佛祖保佑他家儿子能找到好工作……"献完皇粮，得念经，他们都不会，以前在自己院子里也不念，我就让他们跟着我哼哼，甭管会不会，你必须得出声，出声了佛祖才能知道你的心意。那年以后，就有人来我家，找我要经本，到了下一年会唱的就多了。唱完经再升了皇粮，敬天爷爷才算完。①

面对集体信仰仪式活动中少数人的质疑和不配合，她也予以理解，按她的话说就是——"信神难，信神难，又搭工夫又搭钱。"她却仍旧参与其中，乐此不疲，显得超凡脱俗，时间长了，在周边信仰群体中的威信就越来越高。她认为自己的所作所为是在行大善，那些看神病的只能解决单个人的问题，她的所作所为则能为洼子村全体民众降福。

七、"公事总理"

洼子村向来是一个讲究礼数的村落，村落中婚丧嫁娶等仪礼都尽量恪

① 讲述人：张俊英，女，洼子村人。访谈时间：2015年2月10日。

守复杂的传统程序，普通村民不能完全熟知，因此村里每逢有红白事之类的“公事”，主家必须要请家族中辈分高、明事理的人担任“总理”，掌控全局。“公事总理”在红白事中所担当的角色极为重要，是礼仪能够顺利进行的关键，所以人们对于“公事总理”这一角色是有着非常严格的要求的。如村民张宏清所讲：

> 公事上的“总理”可不是说谁都能当的，辈分大不大咱先不说，辈分要是大最好，若没有辈分大的，稍微年轻一点的也可以。年纪太大的干不了，这活太累人。若没有能力强点的，那还不如找个辈分小、能力强的。我说的这件事是十好几年前了，这个“总理”还不太上道，他安排他一个爷爷辈的——按理说这个老祖辈的，你就得安排他在那里喝点茶水，他要是愿意，叫他上门口坐着迎迎客也行——结果让他去刷碗了。老辈儿不同意了，拿着扫帚、叫着他的小名，就要上去打他。
>
> 还有一个“总理”，去人家公事上安排得都挺好。安排完了以后，“总理”有点事就回家了。那个年代还是在家里请厨师做菜呢，刚炸出来的肉，一帮年轻人不知道好歹，凑过去你一块、我一块地吃上了，主家出来看到了，上去就给了一个小辈两脚，训了他几句。这小辈就在门口站着等，看见“总理”回来了，就指着“总理”说：你这是怎么当的总理，不在这里管着俺们，这不让我白白挨了两脚。①

从这段文字中可以看出，能否成为“公事总理”，最为关键的无疑还是个人的综合能力。可以说，办事是否公道，众人是否信服，并不完全取决于“总理”本人的地位和辈分，而在于他的安排是否合理、对场面的掌控是否有力度。不过，话说回来，“总理”要洞悉和熟练运用村落中的辈分观念，才能师出有名。第一个“总理”之所以引人发怒，就是因为他的安排乱了辈分，让一个长辈去做晚辈应该做的事；第二个“总理”之所以遭到指责，自然与临场溜号、掌控不严有关，但也与他的辈分不够高有关。他与指责他的青年平辈，就意味着他必须比一般的“总理”付出更多的努力和加倍的小心。当然，“公事”对“总理”的体力也有很高的要求，正如曾担任过“总理”的张笃俊所说：

> 总理这个事是个苦差事，要是放到以前，一场公事得忙活好几天，

① 讲述人：张宏清，男，洼子村人。访谈时间：2011 年 8 月 22 日。

当时不觉得啥，完事以后，我得在床上整整躺一天一宿，才能缓过劲儿来。我从50岁开始干总理，一直到70多岁，现在老了也干不了了，让我干我也不干了。公事上的总理不是说越老越好，还是得找有力气会办事的。[1]

比如说，洼子村有句俗语叫“亲戚没到，总理先到”，“总理”必须要在第一时间赶到事主家中，询问主家有何意愿和意见，请了多少“忙人”，并告知主家需要准备什么东西，然后便开始着手安排忙人的具体工作，包括“内柜”（掌管现金）、“外柜”（收取礼钱、撰写挽联、发放喜糖等）、“烧水”“厨师傅”（做菜，总管厨房）、“红案”（切肉）、“白案”（切菜）、“窑货”（负责去各家借盘碗杯筷）、“宴席”（借桌椅板凳）、“迎宾”（迎接）、“贴对”（去本村的本家门上贴对联）等等。安排妥当之后，“总理”还需要时时与主家沟通具体程序和细节，以免发生错乱。在所有的“忙人”中，“内柜”与“总理”的关系最为密切，其地位也基本与“总理”平起平坐。“内柜”主要负责公事的所有进账（包括主家预支的钱以及外柜不断送来的礼钱）和开销，同时要求与“总理”寸步不离，共同应对突发事件。当“总理”不得不外出时，“内柜”还要行使“总理”的职责。因此，一个好的“内柜”对“总理”来说能省去很多麻烦。

洼子村的“总理”和“内柜”人选基本上以本家支为主，比如洼子村的张氏家族分为西茔和北茔，西茔的人有红白事时绝不会请北茔的人来当“总理”，而北茔的主家自然也不会请西茔的“总理”。根据老人们的回忆，近五六十年来，西茔的“总理”主要有张良玺、张笃俊、张世华等人，其中张良玺担任“总理”的时间最长，主要是在生产队成立之前的时段，成立生产队以后则一般由生产队队长担任“总理”的职务。“总理”张笃俊与“内柜”张世华二人，则是洼子村生产队解体以后、红白理事会成立之前，西茔最主要的人选。北茔的“总理”，则按照不同的家支，主要有张宏孟、张宏洛、张宏河、张宏清、张世伦等人。过去请“总理”和“内柜”不需要额外花钱，主家一般会提前分别送给“总理”和“内柜”一箱酒、一条烟，并在事后宴请包括“总理”“内柜”在内的所有忙人，民间称之为“谢好忙人”。后来考虑到有的“总理”“内柜”不抽烟、不喝酒，就渐渐地将送东西改成直接给钱，但价格也不高，一般为100元左右。

① 讲述人：张笃俊，男，洼子村人。访谈时间：2011年8月22日。

2014年，洼子村村委响应政府号召，制定细则简化红白事程序，同时成立红白理事会。为了平衡村里西茔与北茔两大支，村委推行双会长制，特意选择北茔的张宏清与西茔的张世华同为理事会会长。在具体的公事中，一般由张宏清当“总理”，张世华做“内柜”。红白理事会成立以后，村委立马着手解决殡葬简化的问题，两位会长在广泛征询民众意见的基础之上，对殡葬程序作出了修正，取消了发白衣服、穿白衣服、用棺材、抬花架子、雇吹鼓手等程序，又将原本至少三天的葬礼缩短为一天，将殡葬的花销减少了一半以上。面对这种改革，村民的反映并不一致：有的拍手叫好，认为省钱省力，从此不再让“死人折腾活人”；有的却不以为然，认为少了人情味，不能将老人风风光光地送走，让子女失去了最后一次尽孝的机会。

红白理事会成立后，张宏清和张世华除了做好“总理”与“内柜”外，还有一个任务就是看主家有没有逾越村委指定的殡葬简化细则。如果没有逾越，两个会头会开一个证明并双双签字，主家持此证明可以去村委领取500元的补助。如果两个会头拒绝签字，那么补助就无法领取了。另外，红白理事会会长出席一次红白事，还能从村委拿到100元的红白事补贴，主家不需要再额外给钱。

八、红色记忆

在当地，洼子村人平日里一直都是一种温和、淳朴、仁厚的整体形象，而一旦到了战争年代，则显现出不屈不挠的抗争精神，涌现出一批英雄、烈士，留下了许多可歌可泣的传奇故事。

抗日战争时期，日本侵略者没有直接侵扰洼子村。洼子村人参与了河东村“铁板会”抗击日军的活动，拿着简单的武器与敌人周旋。如在1938年1月30日夜日本军队制造的“河东惨案”中，洼子村人前去救援，就付出了三死一伤的惨烈代价。

解放战争时期，洼子村投入了巨大的人力、物力支援人民解放军。在莱芜战役与孟良崮战役期间，洼子村派出了一支担架队支援前线，为了尽量给军队减少麻烦，他们的担架都是自制的，在两根2米多长、胳膊粗的木头中间缠上麻绳，在木头两端分别安上半米高的两截木头，做出简易的两人抬担架。洼子村人就是带着这样的简易担架，奔跑于战场之上，往来于炮火之间，挽救了许多可贵的生命。战役结束之后，村民就立马收拾行装回到家乡。

由于莱芜战役和孟良崮战役持续的时间都不长，村民称参加这两次战役的担架队成员为“短夫”。还有一直跟随军队东奔西走的后勤临时人员，即“常备夫”。淮海战役期间，洼子村还出动了一支“常备夫”队伍，跟随解放军部队在山东各地坚持了3个多月，既有担架队负责运送伤员，又有小车队负责挖战壕、送粮食。村里妇女也没有闲着，不断地加班加点，用最快的速度做军鞋，交给“常备夫”带给前线的将士们。与此同时，她们还在家里做豆腐，为了防止豆腐坏掉且为了便于携带，就将豆腐用盐腌制好，再晒成豆腐干，送到前线。老一代村民都还记得，在淮海战役期间，村里的“常备夫”抬着一簸箕一簸箕的军鞋、豆腐干，急火火地走出村外奔赴前线的场景。

在残酷的战争中，洼子村许多优秀青年毅然决然地参军扛枪，成为战场上奋勇杀敌的勇士，很多人都长眠在祖国的大地上。

我印象最深的就是张宏沼，小青年长得可精神了！1946年，咱庄里分田地、斗地主、打恶霸，他站在那高台上组织村民们喊口号：“中农贫农是一家，组织起来打恶霸！”我那年9岁，对这个人印象很深刻。咱们现在年轻人都崇拜偶像，我们小时候的偶像就是这些人。打土豪以后，张宏沼接着就去当兵了，1947年当兵，1948年就牺牲了，还不到20岁，多可惜的一个人。

当兵报效祖国也是咱们村的一个优良传统，跟老师一样。我退休之前，年年春节给咱这村烈属、军属家庭写对子，一年得写60多副。咱这么小个村，能出60多个烈士、军人……①

时至今日，村民享受着平安、幸福的生活，在大街拉呱时，常常念叨烈士们的名字，回忆他们的英雄壮举，唏嘘不已。这些抛头颅、洒热血的革命烈士，被永久地保存在村落的集体记忆中。他们是：

张殿梓，1911年生，1938年参加革命，山东纵队四支队战士，1944年在莱芜战斗中牺牲，年仅33岁。

赵振德，1919年生，1938年参加革命，武工队排长，1944年在淄川

① 讲述人：张笃学，男，洼子村人。访谈时间：2015年2月10日。

区甘泉战斗中牺牲，年仅 25 岁。

张世恒，生于 1921 年，1938 年参加革命，山东纵队四支队排长，1944 年在莱芜县王庄战斗中牺牲，年仅 23 岁。

臧学法，1922 年生，1943 年 10 月参加革命，在益都县委任秘书，1949 年 8 月病故，年仅 28 岁，1952 年 2 月被追认为烈士。

陈奎楹，1924 年生，1943 年参加革命，1944 年在淄川区千峪战斗中牺牲，年仅 20 岁。

张良文，1926 年生，1948 年参加革命，1951 年在辽宁道江战役中牺牲，年仅 25 岁。

张世忠，1928 年生，1947 年参加革命，警备一团二连战士，1948 年在莱芜战役中牺牲，年仅 20 岁。

张宏沼，1929 年生，1947 年参加革命，警备一团通讯员，1948 年在解放潍县战役中牺牲，年仅 19 岁。

张世萃，1930 年生，1947 年 7 月参加革命，警备团二连战士，1948 年 3 月在淄川区黉山战斗中牺牲，年仅 18 岁。

附 录

一、民俗资料提供者简介

张宏溪，男，洼子村人，生于1933年，洼子村人，曾做过矿工。

张宏洛，男，洼子村人，生于1937年，已故，曾任洼子生产队队长。

张宏浩，男，洼子村人，生于1939年，曾任罗村镇多所中小学教导主任、校长，热心公共事务，爱好书法，是淄博市书画协会会员、中国小楷书法家协会会员。

张宏仪，男，洼子村人，生于1942年，淄博师范毕业，中专文凭，先后在博山区福山小学、淄川区洼子小学、南韩小学、罗村中心学校教学，曾担任罗村镇中心学校教导主任、罗村中学校长等职务。爱好乐器演奏和书法，擅长京胡，是淄博市书画协会会员。

张宏清，男，洼子村人，生于1944年，木匠，积极参与村落公共事务，曾长期担任张氏北茔红白事总理，现任洼子村红白理事会会长，是淄博市书画协会会员、中国小楷书法家协会会员。

张宏淮，男，洼子村人，生于1931年，已故，曾在山东省淄博矿务局、湖南涟邵矿务局金竹山煤矿工作，1961年响应国家精简机构号召而回乡务农。曾获“山东省优秀团员”称号，事迹列入《伟大祖国的忠实儿女——全国青年

社会主义建设积极分子介绍》一书；1955 年 9 月 30 日下午参加国家主席毛泽东主持的全国青年社会主义建设积极分子大会，并参加国务院总理周恩来在北京饭店安排的晚宴。

张世豪，男，洼子村人，生于 1929 年，退伍军人，参加过解放战争。

张世爱，男，洼子村人，生于 1933 年，民间小曲爱好者，收藏有张世杰传下来的曲本。

张世华，男，洼子村人，生于 1950 年，曾任洼子村煤井会计、厂长、村委工作人员，曾长期担任张氏西茔红白事内柜，现任洼子村红白理事会会长。

张笃俊，男，洼子村人，生于 1935 年，曾就读于洼子村私塾，1946 年正式入学，1954 年起在洼子村生产队任会计，1956 年起担任洼子村团支部书记兼文书。1956 年洼子大队成立业余剧团，张笃俊任团长。1959 年调罗村公社工作，1993 年退休之后担任张氏西茔红白事总理。曾被淄博市人民委员会授予"扫盲优秀工作者"荣誉称号(1957 年)。

张笃学，男，洼子村人，生于 1939 年，小学毕业，1962 年参加工作，先后在洼子村生产队、石灰厂、砖厂、贫下中农管理学校、制氧厂任会计，1978～2010 年任洼子村村委会记账员。热心村落公共事务，热衷记录村落传统文化，爱好书法，系淄博市书画协会会员。

张笃杰，男，洼子村人，生于 1946 年，中师毕业，曾任中学校长 20 余年，2005 年退休。热心村落公共事务，注重家风家训，家中七位成年人中有六位教师，是洼子村的"教师世家"。

陈玉琦，男，洼子村人，生于 1955 年，小学文凭，曾担任洼子村生产队队长、洼子村村委委员，爱好民间曲艺，识简谱，擅长京胡，系洼子村文艺表演队队长。

王义芳，女，洼子村人，生于 1925 年，已故。

陈安英，女，洼子村人，生于 1937 年。

张俊英，女，洼子村人，生于 1941 年，洼子村老母四季会东会会首，村落集体信仰活动的主要组织者，戏曲爱好者，洼子村文艺表演队成员。

张桂英，女，洼子村人，生于 1952 年。

王仙美，女，洼子村人，生于 1957 年。

毛羽，女，罗村人，生于 1988 年，原籍吉林省。

王克刚，男，河东村人，生于1970年，已故，曾任河东村红白事务委员会主任。

王成修，男，河东村人，生于1968年，已故。

二、村民所撰民俗资料三篇①

（一）淄博市淄川区罗村镇洼子村村志（建庄至清末）

洼子村坐落在城东北约25里（12.5公里）处，与镇驻地相距3里（1.5公里），与南边河东村、北边南韩村相邻。

洼子村是一个有526户人家的自然村，人口1739人，土地面积约700亩（47公顷）。人均耕地只有4分（约266平方米），是一个人多地少、比较贫困的村庄。

洼子村建村到现在已有700多年的历史，其中不乏辉煌的一面。为使后人了解洼子村的历史，经走访、考证、查阅资料，现把洼子村勤劳、勇敢、俭朴的劳动人民所创造的业绩真实地记录下来供后人参考。

1. 村庄的建立和人口迁移的原因

经过考证、访问、查阅资料，洼子村建立时间为元朝至正年间，距今已700多年。立村后户数、人口都很少，姓氏也不多，庄里也没有什么大的建筑物。

在中国历史上，由于刘邦、项羽起兵反秦，秦灭亡后，楚汉又互相争夺天下，连年战争，水旱饥荒，使人口大量减少，土地荒废，无人耕种。

直到李渊父子夺取隋朝天下、建立唐朝后，国家安定，得以休养生息，人民安居乐业。

忽必烈于至元十六年（1279年）统一中国建立元朝，施行种族歧视，把人民分为四等，蒙古人为一等人，由汉人养活，不劳而食，加上压迫剥削，民不聊生，各地农民纷纷起义。

---

① 2002年10月25日，民俗学者叶涛、姜波随张士闪到洼子村进行调查。村委会特意安排三名德高望重的老人张笃学、张笃俊、张宏浩介绍村里的“风俗”。他们都事先写好了发言稿，即下面所附的张笃学《淄博市淄川区罗村镇洼子村村志》（建庄至清末）、张笃俊《淄博市洼子村之民俗概况》（节录）、张宏浩《淄博市洼子村之文化教育概览》。

朱元璋起兵灭元建立明朝，改国号大明，年号洪武。

朱元璋看到山东人口稀少且有大片土地，特下令将部分河北省人口向山东迁移，当时有我们的祖先张在勋，于洪武年间从河北冀州枣强县迁移到洼子庄。

张在勋迁来后，生有二子：张福缘、张福志。兄弟二人去世后，分别葬在西茔和北茔，形成了西、北两大茔地。

远祖张在勋从枣强迁来时，庄里只有三家坐地户，就是董家、咸家、马家（马家已无人）。

自此以后，外地农民陆续迁来，到了明朝中叶，张氏成了庄里的旺族。姓氏也多了，有“张王李赵马刘陈，臧家咸家挨着门；董家门上独一丁，还有一家孙成银”的说法。

到了清朝末年，张氏虽不是名门，却成了旺族。由于家族大，分支又多，男孩起名没有辈分依据，只能乱起，辈分不统一。鉴于这种情况，族中长者组织德高望重的人员于清光绪二十九年(1903 年)立了族谱，明确规定了三十二代辈分。自此有男孩起名都按辈分。这时的洼子村已成为有多种姓氏组成的一个村庄。

2. 庄名和村名的由来

秦始皇统一中国后，施行郡县制，以后又经过各个朝代不断完善，在中国大地上已形成中央、省、府、县、乡管理制度。晚清时期，洼子庄属济南府淄川县仙人乡管理。

当年古人经过考察，此地三面环沟，中间平凹，并且南沟是淄川通青州的大道，四周和东面有大片的土地，所以选中在此立庄，因地势平凹，庄名就叫“凹子庄”。

张氏祖先迁来后，经过明洪武至天顺 140 余年的繁衍生息，张氏已成大族，人口最多，因此改名叫“张家庄”。这就是张家庄的由来。在清初又改名叫“凹子庄”，以后演变为“洼子庄”。

仙人乡乡名的由来：

因庄东 500 米处向东走有仙姑洞，村东二里远处埠子顶东北角有一座石桥叫“仙人桥”。传说有仙姑从石桥上走过，石头上踏有脚印，因此叫“仙人桥”(此桥因山东铝厂修公路而埋没)。

因离庄周围不远有仙姑洞、仙人桥，所以仙人乡因此而得名。

3.庄里的主要集体建筑

唐朝建立以后，国家安定，提倡农耕，兴修水利，人民生活有了保障，过上了太平日子。

李世民贞观年间，派唐朝僧人玄奘前往印度取经，把佛教引入中国，全国各地不断扩建寺庙，洼子庄也不例外。因人口少，财力薄弱，洼子庄在明初只建造了三座规模不大的关帝庙：一座建在庄西头（张世根宅子南），一座建在庄中间（张世训宅子东），一座建在南沟（张云来大门前）。1949 年后已全部拆除。

因受别的地方影响，在明朝中期，洼子庄也集资，组织人力、物力、财力建立了坐北朝南的三间菩萨殿。大殿的结构用水磨青砖建成，墙厚一米，雕梁画柱，非常壮观。殿内正面塑金身菩萨像，手打普度印，头戴金冠，盘腿坐于莲花台上。

大殿东头塑一送神（生）爷爷站像，肩背搭子（民间用来搭在肩上的用具），搭子里前后各装一小童。大殿西头塑一送神（生）奶奶站像，怀抱一小童，手牵一小童。这些塑像无不栩栩如生。

大殿的南边建一间坐南朝北的小殿，殿内塑一金甲韦陀站像，身背虎尾钢鞭，面向正北守护着菩萨。

菩萨殿的西边是三间土地庙。土地爷端坐中间，两边是小鬼。庙院的大门朝南，因南边是沟，出院门可拾级而下。大庙整座于明成化三年（1467 年）建成。庙里常年有主持尼姑，香火旺盛。（现存有建庙石碑，因扩建学校，庙于 1982 年全部拆除）

庄里当年栽有很多树，有桑、枣、槐等。村北面一片桑园，家家采桑，户户养蚕。村里和南沟多种枣树和槐树。日本侵略中国时曾在双塔寺修据点，把村周围的树木都砍掉，现在保存下来的只有三棵槐树，树龄都在 500 年以上。张士岱门前一棵，张圣功门前一棵，陈奎森家院里一棵。

清朝入关后，洼子庄为防止盗匪骚扰，又组织人财物于清康熙年间修筑绕庄一周的围墙，同时修筑了五座围门，围门均用砖石砌成，各门都是用榆木做成的门扇，晚上关门后使上腰杠，安排专人夜间打更。百姓夜不闭户，路不拾遗。

五座围门,一座建在村东头,叫“东门”(张圣会西屋后,已拆除)。一座建在村北头,叫“北门”(在张士龙大门前),1956年因在此修湾而拆除。一座建在庄的西头朝南,叫“西便门”(门在张士吉胡同口东侧)。门虽朝南,因在村西头,故叫“西便门”(已拆除)。一座建在庄的西北角,叫“西北门”(在张笃广家宅子北,已拆除)。另一座建在庄南头,门朝东,因围门坐落在村的南头,故叫“南门”(在王国金大门东侧)。庄里共建了五座围门,已拆除四座,幸免于难的只有这一座南门,还屹立在那里。

围墙的建筑是按当时的地貌地形搞的。有的段落是就地取材,用自然形成的沙核儿石做底基,上边再筑灰土;有的段落(如南沟)则是用石灰和自然石子混合后筑成,虽然年代久远,几经沧桑,但有些段落还能看出原貌。

在修筑围门、围墙过程中,庄农白天种地,夜间加班筑墙。有的扭伤腰,有的砸伤脚。在修筑围门、围墙三年中,村民生育小孩的都很少。

以上介绍洼子庄自立庄以来,劳动人民省吃俭用,在人力、财力缺乏的情况下,用自己的双手,建造了三座大小不等的关帝庙、三间菩萨殿、一间韦陀殿、三间土地庙和朝南的庙门院。

当时这个只有三四百人的一个村庄,搞了这么宏大的建筑物,对村民来说是多么的艰难。可见村民们是吃了多少苦,受了多少累,付出了多少的心血和汗水,这些都留给后人去评说吧。

4.建村后的一些故事和传说

张家庄的地形是三面环沟,顺南面从东向西,常年流水,河里有鱼有虾。1949年后,国家开采煤矿(洪山煤矿),用大水泵抽水,小河干枯。

张家庄的地形、地貌都很好,四周有围墙和围门,非常壮观。村民安居乐业,喜气洋洋,在当时流传着四句民谣:“西有双塔寺,北有凤池井,东有仙姑洞,南有卧虎岭。”这四句顺口溜道出了这些景点美丽的传说。

第一个景点是村南的卧虎岭。该岭由黄沙核石自然形成,形态像只卧虎,虎头朝南,张着大嘴,就像一口把河东吞吃了一样,因而叫“卧虎”。河东村的村民说卧虎于他们不利,提出抗议。通过两个庄的庄主商谈,洼子庄同意把建庙时刻的记载碑压在老虎头上,并给这通碑起名叫“镇虎碑”,这样卧虎就永远爬不起来了。

现在周围村民建房,把卧虎岭搞得面目皆非,不像当年的卧虎了。只有镇虎碑还垒在学校的南墙上。

第二个景点，庄西的双塔寺。当年该寺建有北阁二层，阁的东、西两头建禅房供和尚居住，中间是罗汉殿，内塑十八尊罗汉。南边是天王殿，内塑四大天王。在阁楼的前面有一座塔，在天王殿的南面也有一座塔，此寺庙因有两座塔，故叫“双塔寺”。

寺庙建有楼阁、大殿，树木参天，气势宏大，非常壮观。晚间，钟鼓齐鸣。和尚拜佛诵经。（日本侵略中国后拆除寺庙，建了炮楼，住有日伪军）

第三个景点是村北的凤池井（在现在张士龙家堰底下向北三四米远处）。井里的水质，水清味甜，全庄老百姓都饮用此水。

凤池井原名叫“姑子井”，其地是庙上尼姑的赡庙地，尼姑将地租给庄农耕种，粮食按四六分成。耕者分四，六成交到庙上，供尼姑们生活用度。其地权归尼姑所有，姑子井因坐落此地而得名。

传说有一年清明节，这一天天气晴和，暖风微拂，野外春意盎然，学子、村民、男女老幼，到郊外踏青。这时庄东仙姑洞里三位仙姑看到百姓穿红挂绿，郊外踏青，一时动了凡心，心想整天坐在洞里也无事可做，咱们何不出去游玩一番。于是三位仙姑出洞化装成三位中年妇人郊外踏青，与游人有说有笑，享受着人间的欢乐。

三位仙姑正在野外游玩，忽有一仙姑提出咱何不化作金凤到天上飞舞一番，瞬间三人变作金凤飞上了天，在空中飞舞很是好看，观者莫不惊叹。

三仙姑在天上飞舞多时来到了地处庄北的上空，看到了姑子井，感到口渴，遂降落喝水，从此后姑子井便改名叫“凤池井”。这就是凤池井的传说。

第四个景点是庄东仙姑洞。这地方有三处洞穴：仙姑洞、王母娘娘洞和砚石洞（因挖砚石而开采的洞）。相传仙姑洞里住有三位仙姑，庄民如有个小病小灾的去祈祷一番，病就会好了，无需吃药，因此香火旺盛。现在仙姑洞、砚石洞都已埋没，只有王母娘娘洞香火不断。

5. 村民的住房

清雍正八年（1730 年）时，下了 49 天大雨，叫“雍正八年下涝雨”。庄里的土坯房子全部倒塌，只剩下几口大庙和张世伶家的一口北屋，距今已有 270 多年。在那时的住房当中，唯一保存下来的只有这一口房子（现住着人）。自从“雍正八年下涝雨”房子倒塌，村民建房改了方式。

(1)有钱人家建房全部用砖石,基座用长条青石,上边用青砖镶门、镶窗、镶大角,砖挑檐,砖山尖,空当用石块砌成。骑脊瓦面,梢头有的是马口或圆梢。这种建筑叫"大海青"。

(2)第二种建筑基本与第一种相同。所不同的是,空当用土坯砌成,屋面用麦秸披上。这种建筑也叫"海青"。

(3)第三种建筑用石块做基座,青砖镶门、镶窗、镶屋前面的两个大角,腰三砖,砖挑檐,砖山尖,骑脊,两梢用瓦做成。屋面用麦秸披上。这种建筑叫"小海青"。

(4)第四种建筑用乱石做基座,腰三砖,砖挑檐,砖山尖,骑脊瓦或砖梢,其他部分都用土坯砌成。

(5)第五种建筑是因家境贫困,无钱购砖,建房时只有用乱石做基座,墙全部用土坯砌成,屋面全部用麦秸披上,这是最低级的。

(6)第六种建筑是最好的建筑,基座用长条石,细钻打平,插好坚脚[①],上边用青砖镶门、镶窗、镶大角,腰三砖,砖挑檐,砖山尖,一门三枕六出头。一门三枕是门枕、腰枕、悬枕。六出头是用长八寸的青石,用细钻打好,分别按三角形安放在屋的两山上,叫"六出头"。屋脊和两梢均用小瓦做成,骑脊瓦垅,房面用小瓦或麦秸。窗台用长条石,室内青砖铺地。这是最好的建筑。现在张政住着的西屋就是这种建筑。

老式建筑的四合院,现在只有张宏淮、张宏昌住着的宅院保存完好。

由于社会发展、农村规划、农民翻建房屋等,已有好多古老的建筑被拆除。先人们留给我们的宝贵遗产已寥寥无几,我们和后人应该去珍惜、保护这些古老的建筑。

张笃学

2002 年 10 月 6 日

(二)淄博市洼子村之民俗概况(节录)[②]

洼子村属丘陵地区,有 700 余亩土地,土地大小不一,地名多得不胜枚

① 坚脚:当地方言,指房屋地基。

② 张笃俊老人在撰写该发言稿时,参考了《淄川区志》(齐鲁书社 1990 年版)一书中的相关内容。

举,有 100 多个。最大的地片是村东北桑行子,这片地是通过合作化整地才形成目前的几个大方。据传这片地是原来的几个桑园,供古代人种桑养蚕所用,因此而得名。

最远的一片是狼山,因这座大山形状像只卧狼而得名。但有一小片又叫"狼脖子",因这几亩地在狼的脖子上。再如仙人桥旁边的几亩地就叫"仙人桥",只有四亩的一块地因斜坡而得名,所以取名叫"偏坡地"。

本村老百姓有几句打油诗足以证明:

洼子土地不算多,地名多得无法说。

一块地两个名,"平顶石屋"叫"洛坡"。

再如有个地名叫"阎王鼻子",这个地方地势险要,北临深沟,上下坡度很陡,只有步行才能通过。相传有个挑大缸的路过此地,冒了扁担,有个缸顺坡滚下。一个缸无法运走,此人便将剩下的一个缸砸碎。后来他转到沟底,一看先前那个缸完好无损,只得又将此缸砸碎,唉声叹气地回了家。由此说明这个地方险要难行到了极点,因此叫"阎王鼻子"。

过去,老人们把我村的地名连起编成顺口溜:

葫芦平,崔家峪,山神庙子棉花地(仇窝)。

蓼山黑山棋盘岭,黑峪洛坡黄埠顶。

下边有块偏坡地,因为地形得了名。

仙人桥,红石湾,南边有个野猫滩。

下边有块水沟地,年久冲成八亩滩。

王家楼,黄板岩,整地整出个银钢滩。

一块大地十三亩,这在俺村拔了尖。

黄埠坡,小埠南,南边就是赵家滩。

要是继续往下说,最少也得说半天。

1. 婚嫁

1949 年以前,成婚手续极为繁琐,一般要先找媒人到女方说亲,待亲事初定,再请一人,成为双数,原因是以双数为吉利。过去有几句民谣:

成不成三两瓶,无酒亲事难办成。

两场三场喝过了,说着说着没了影。

由此不难看出旧社会婚姻的艰难程度。亲事说成之后,男方写好柬帖,

附带衣料、首饰、化妆品等，由媒人送往女家。女家接到柬帖后回复礼物（鱼、艾、盐等），每样用红纸包好，由媒人带回。之后由男方以酒答谢媒人（有的重谢）。有几句民谣足以说明：

送柬送柬，糊弄小孩。

小孩年幼，不知好歹。

父母之命，媒人摆划。

男女到了结婚年龄（女方一般到18岁以上，男者不限，少者12岁、13岁，大者20多岁），由男方择定吉日（即年、月、日）为结婚时间，并将双方的年龄、属相、生日时辰、禁忌，男女接送客、上下轿时辰、上下轿方向等，用红纸写两份年命帖由媒人送往女方。结婚前两三天，女方把陪嫁的家具、用具送往男方，名曰“送圆房”。女子在结婚前用彩布带绞去脸上的汗毛，名曰“开脸”。1949年以前，结婚一般用轿迎娶（因贫富而定）。一乘轿为小娶，两乘轿为大娶。小娶即男方用一乘轿将新娘抬来，谓之“不迎亲”。大娶是用两乘轿。结婚前一天晚上，新郎盛装披红向家族长辈行礼；第二天，新郎与其弟各乘一轿，伴以旗锣伞扇鼓乐前往女方家中，女方由二人出迎，设宴招待，然后乘轿去男方，谓之“迎亲”。不论大娶小娶，随轿跟随送客一对，挑随身饭、拿帘子的各一人，到男方宴罢回家，约好搬送日期（回门），并将新娘之套脚红袜带回。

新娘下轿至洞房，俗称“过门”。新娘上轿时头顶蒙头红，用椅子抬上轿。行轿时路过碾、磨、古井、古庙、大树时皆用红毡盖之，以示吉利。将到婆门，火把迎轿，轿到门前，然后落轿；红毡铺地，新郎在前，新娘在后，由嫁娘架扶前进，路过门槛时放一马鞍，以示平安。院内放有天地桌，先由新郎之父（或祖父）拈香行礼，然后新婚夫妇行礼（拜天地），拜完天地进入洞房。进房时新郎将新娘蒙头红挑下，婆母将其兜起来送出，同时有人把四个红砖（用红纸包好四双筷子放于上面）放到大门顶上。

入洞房后，新娘不下床，俗称“坐庐帐”。等第二天新娘下床拜见公婆，称为“下床”。坐帐的第一天晚上，在洞房内设酒席令新郎新娘饮合卺酒。陪酒的多半是新郎的平辈或晚辈，尽量挑逗新娘欢笑，我们俗称“闹房”。新娘在婆门住三天后，按结婚时约定的，娘家门来长辈搬叫（俗称“住日子”）。来搬时尽量晚走，在娘家门住几天后再由长辈送回，尽量早走。俗话说：“要想好，看不见娘家屋上草；待想富，拱她婆婆穿不上裤。”以示吉利。

1949 年后，随着时间的变迁、社会的发展，婚嫁的习俗有所改革，但变动不大。结婚大部分还是沿用 1949 年以前的一套习俗，但用轿迎娶的基本不见了。除少数青年男女自由恋爱不用媒人外，绝大多数还是介绍人从中说合，可父母包办的婚姻基本绝迹，由青年男女自己说了算。送柬改成了相亲、会亲的习俗。结婚后，搬送基本废除，改成三日后夫妇带礼物到女方，名曰“三日回门”。婚礼到此结束。

2. 丧礼

随着社会发展，本村丧礼有所简化。下面作简要介绍：

人死后沐浴更衣，移于灵床上，点上香，摆供品。倒头饭碗中插一双筷子，其子女穿白衣守在灵前。一天分早、中、晚三次送浆水（到土地庙），也有灵前奠浆水。在送浆水前，由长子站在椅子上面朝西（其他子女跪在地下），大喊三声，呼其爹（或娘）上西天朝佛三声，同时门外边开始用白纸封门，在大门外烧倒头汤。第二天晚上举行殡典仪式，给亡者饯行。在土地庙前设祭，乡亲族人都摆供行礼，并有吹鼓手奏乐。而后丧主祭奠，供 100 个水饺，祭后分给执事人，不能带回。治丧时，本村多用排三、五、七不等（因贫富而定），时间短，可派人面报；时间长，可散丧启。丧主先请熟悉丧事者 1～2 人办理丧务，名曰“总理”。总理可根据本族应尽孝人迎灵，请先亡者的配偶安灵。丧主先对死者祭奠，再由助理丧务人员进行参拜。诸事完毕，再接待外宾，外宾接待完毕，开始殓棺。丧主将棺材内的事项整理妥当，由殓棺人将棺封闭，准备将棺抬出。棺材抬出后，孝子（长子或长孙）手执白幡率众孝子孝孙，披麻戴孝，手拄哀杖。众外甥花圈引路，吹鼓手奏乐，哭声震天。当棺材抬出门落地时，长子（或长孙）打瓦（瓦上画有符）。出村头，女婿进行路祭参拜。棺材抬到墓地时，其娘家门兄弟侄子进行墓祭（堂祭）。出丧后第二天，子女亲属到墓地整理坟头（圆坟），回来后张贴吊丧单。

30～35 天之内烧五七，3 个月后烧百日纸。俗说：“短五七，长百日。”至此丧事完毕。

1949 年后，本村办丧事基本还是沿用古老的一套，废除了殡典（即亲朋乡亲第二天在土地庙给亡者饯行的习俗）。

3. 衣食住行

洼子村人民向来艰苦朴素。1949 前，劳动人民的服装以粗布为主，一年四季只分单衣、棉衣两种（只有极少数较富裕的人家穿秋衣），贫苦人家一件衣服要穿几年、十几年。老百姓有几句谚语足以说明："新几年，旧几年，缝缝补补又几年。""补丁摞补丁，凑凑合合又几年。"1949 年后，随着人民生活水平的提高，老百姓的衣服也有所改变。"的确良"、化纤等衣服也普及老百姓身上，绒衣、毛衣甚至皮衣，大部分也都穿。

1949 年以前，老百姓都戴帽垫子、毡帽（分红、黑），脚穿平布鞋、拉尖鞋、白布袜子等。1949 年后，线织袜逐步代替了白布袜。现为尼龙袜，花色样式非常新颖。

1949 年前，服装样式多为手工缝制。单裤、单褂、棉裤、棉袄，皆为中式裤腿，比较肥。村民们习惯扎腿。男上衣多为对襟，老人习惯穿大襟袄，男子还穿长衫（大褂子）。女上衣皆为大襟，结婚时会扎裙子。1949 年后，服装样式变化较大。青年男子穿制服，多为中山装、国防服、青年服、学生服、铁路服等。20 世纪 60 年代，穿小大衣、大衣。青年女子多为对襟，裤子中西式都有。80～90 年代，随着改革开放，西式服装逐渐增多。

1949 年以前，本村没有地主，大部分是贫苦人家。所吃的粮食以高粱、谷子为主，常年是半年糠菜半年粮的生活。若逢重大节日（春节、中秋节等）才能吃上一顿饺子（甚至有的人家连顿饺子也吃不上）。1949 年后，基本以细粮为主，伴有粗粮，主要是吃玉米、豆子合成的煎饼。

1949 年前，本村的住房多数两户一院（甚至是三户一院），一般是土坯平房，只有极少数砖瓦房。砖瓦房四合院为数不多（现存四合院只有一处）。四合院中北屋为上房，东西屋为厢房，南屋为配房。大门多在东南角，厕所、栏圈多在西南角（这主要看以北屋或者西屋哪口屋为主而定）。1949 年后，多数是前托厦、挂耳子的砖瓦房。90 年代开始，本村新建很多两层楼房（包括村规划部分）。

1949 年前，本村赶集上店、亲朋往来多为步行，老、弱、妇女、小孩用驴驮，少数用独轮小车接送。1949 年后，交通事业逐渐发达，自行车、三轮车、轻便摩托车等纷纷出现，汽车在本村来说也为数不少。

4. 节日

洼子村的过节习俗非常繁琐。第一个节日是春节，也是本村广大村民一个重大节日。过去家家户户贴上新对联（名曰“春联”）。男女老幼换上新装，五更早起，设香案，摆祭品，全村鞭炮齐鸣，祭天地神灵，迎财神喜神。黎明前全家吃水较（1949 年以前贫苦人家连顿饺子也吃不上）。黎明以后，晚辈们男男女女成群结队，开始向长辈拜年，问过年好（1949 年前是磕头）。长辈们给小孩子压岁钱，庆祝孩子们又长了一岁。邻里互相串门祝福问好（意表和睦）。正月初二至十五，村民开始探亲访友（初五过五马日）。

元宵节（即正月十五日），家家挂灯，村里唱戏、玩十五（扮杂耍），有的放烟火、闹元宵。

青龙节（即农历二月初二），家家炒蝎豆子。据说吃了可以避蝎子，又传说二月二龙抬头，家人有属龙的不宜在这天炒豆子、吃豆子。

寒食（即清明节的前一天），传说古时为纪念春秋时期晋国介子推被火烧死，定为禁火日。吃则冷食，故为寒食。寒食的前一天叫“一百五”（冬至后 105 天）。在这一天不见红日（不出太阳）时，村民们到自己祖先的坟头上添土，寒食的下午开始祭祖。

清明节这天早上，村民们习惯用麦苗煮鸡蛋吃。古时男女到野外踏青（传说青年妇女平时不能出去，只有这一天才能野外游玩一回），小孩子放风筝。1949 年后，学校会组织小学生到烈士墓地扫墓，进行革命传统教育。我村党支部组织全体党员参加，对革命先烈进行悼念活动，敬献花圈。

农历五月初五（即端午节），家家户户门上插艾、桃枝；小孩子戴香荷包，脖子上、手脖（子）上系红色线，名曰“长命百岁”。

农历六月六，这时因为是麦收后，村民们敬天，上新麦子供（意感谢老天爷今年收成好），户户吃炒面。

农历七月初七，传说天上牛郎织女相会。有的姑娘在这天晚上参拜织女，俗称“乞巧”。

农历七月十五，这天下午，家家悬挂家堂轴子迎请祖先。到坡里拔棵高粱、谷子、豆子等，捆在一起（意味着邀请神农候吉到家，由祖先陪同饮酒）。

农历八月十五（中秋节），村民喜欢吃月饼。晚上设宴在院中，全家老幼围坐在一起饮酒取乐。“圆月”取意全家团圆（在外地工作的尽量赶回家中

参加）。

农历九月九，重阳节是登高的日子，现为老人节。

农历十月一，我村村民成群结队祭扫祖坟。有些在外地工作的人也这一天赶回来，和寒食祭祖一样规模。

农历十二月初八（俗称“腊八日”）这天，村民喜欢吃腊八糕。在旧社会富裕人家雇用的长工如不能继续使用，这一天即正式辞退，成为穷苦人另寻生路（的）一天，也是新雇用的穷苦人上工的第一天。

农历十二月廿三（俗称“小年”），傍晚用糖瓜祭神，并将旧神轴烧掉，俗称“辞灶”。灶君老爷上天汇报工作。

除夕（农历十二月三十或廿九），这一夜村民忙于供神祭祖（俗称“请家亲”），同时还有许多迷信忌讳，如不能大声说话，不泼污水，把刀、剪子、笤帚收起来，不能外出，家家上拦门棍，总之要规规矩矩。理由是：这夜百神下界，稍有不慎，会触犯神灵降下灾祸。所供神位名曰：天地三界十方万灵真宰神位。

5.其他民俗

下边我再介绍几样民间风俗：

一是“坐月子”和“送粥米”。妇女生孩子后要卧床休息一个月，称为“坐月子”。生孩子后10天左右，娘家亲戚送米、面、鸡蛋、衣料等，名曰“送粥米”。本家设宴招待。目前十分盛行，多者七八席，乡亲邻里送豆腐、鸡蛋，以示关注。

二是“穿裤”。小孩生下100天后，亲朋好友前来祝贺，常有百岁钱、百岁衣等，俗称“穿裤”。

三是生日。我村一般50岁以内的人，家人为其改善一下生活，俗称“做生日”。50岁以上的人一般称“祝寿”。子孙外甥、亲朋好友带礼品前来祝寿。60岁为“大寿”，70岁为“中寿”，80岁以上的人通称为“高寿”。

四是祭日。祭日即逝世日，为一年一度悼念亡者的日子，一般是家人到墓地摆供祭奠。

张笃俊

2002年10月6日

（三）淄博市洼子村之文化教育概览

洼子村是个穷山村，但人穷志不穷，对办教育事业舍得投资，很早就办起了私塾学堂。那时邻近村庄（官庄、南韩、河东等）都要来本村上学。传说东官庄的仇维祯曾在本村上私塾，当时他家是地无一垅、房无一间，要饭讨生，虽穷但立志读书。本村学生家长和老师，看到这种情况，在各方面给以照顾帮助，使其读下去，后来仇维祯成为南明时期的户部尚书。在清光绪年间，本村先后出了张新一、张佃楷两名秀才。

1949年以前，本村从事教育工作的人数就比较多。如张金山老师是抗日战争时期任教，现在80岁高龄，已离休，是本区的知名人士。由于受他的影响和带动，我村现在当教师的就有44名，分布在上海、济南、淄博等地，占全村人口的2.5%。这些教师中，大学本科、专科学历的就有24人，博士研究生1人，硕士研究生1人，硕士研究生在读1人，其余都是中师以上文化水平，是全镇教师素质高、人数多的村庄，有“教师村”之称。同时，老师的学生、学生的学生有的也成了人民教师。如老教师张金山的学生张宏浩、张宏仪、张世佃、张笃杰等人，均是20世纪60年代参加教育工作、从教30余年的老教师，现已退休，他们的学生的学生也献身教育事业，现正在以旺盛的精力、辛勤的工作，为国家培养高素质人才。

本村张金山老师，从小爱好书法，现已是书法名人，曾多次参加市区、全国、国际书法大赛，并获得国际书画大赛“天鹅奖”，在国际书画名人大辞典中有作品、有个人简介，享有盛名。在他的帮助指导下，本村喜练书法的很多，有的也参加过市区书画展得过奖。中华人民共和国成立五十周年时本村曾办书画展，得到了观众的好评。

自1978年恢复高考制度以来，本村升入大学的学生，在全镇名列前茅。据不完全统计就有53名，分布在全国各类大专院校读书深造。其中有博士研究生1人（山东艺术学院副教授），硕士研究生1人（上海交大教师），出国留学2人（乌克兰基辅理工大学研究生，曼彻斯特大学研究生）。这些大学生，有的已经毕业，奔赴各个工作岗位，成为国家的栋梁，为社会主义做贡献；有的在各类大专院校就读。今年高考时，报名的9人，已全部被录取，为本村争得了荣誉，增了光。

由于本村尊重教师，重视教育，在文化界的人才多，因此村内有"教师世家""一门三贤""二门四儒""三鹰一鹞"的说法。

教师世家：张笃杰的爷爷张良玺，是1949年前后的地方名人——红白理事当总理，写写算算是先生，兴办教育他筹建，教育文委自己担，德高望重人人赞，本村威望他为先。张笃杰老师继承了老一辈的传统，全家9口人(其中有2个不满8岁的小孩)，就有6人当教师(张笃杰从教多年，曾任校长职务，长子、次子夫妻都是中学教师，女儿在梓童山武术学校任英语教师)。全村四世同堂的就有十几家，唯有张良玺是五世同堂，他的玄孙在西北农林科技大学就读。因此，他家今年被淄川区教育、体育局评为"文明家庭"。

一门三贤：王克家的3个女孩都是大学毕业，现已分配到各个行业工作，工作成绩突出，受到单位好评。

二门四儒：张笃保(已故)的2个男孩，张云华是西安交通大学毕业，分配到广东省汕头市电信有限公司工作，次子张云鑫2002年考入德州学院；郭成华的2个男孩，长子郭涛2000年考入山东师范大学，次子郭仪2002年考入山东建筑工程学院。

三鹰一鹞：兄弟三人必有一能人。张宏溪的3个儿子都能干，老二是大学博士生、副教授。张福祥的3个儿子也都是好样的，老大是兰州大学毕业，化纤工程师。

这些家庭是全村人人羡慕的家庭，也为本村争得了荣誉、增了光，我们全村人都感到自豪。

张宏浩

2002年10月6日

三、张帅：《洼子村张氏家族革命先贤》系列故事[①]

位于山东省淄博市淄川区罗村镇洼子村的张氏家族是村中的一个大

① 本文系张帅响应山东省文化厅第一届"中华优秀传统文化故事会征集活动"而撰写，入选山东省委宣传部、山东省文化厅编：《中华优秀传统文化故事会故事集》第五册，山东文化音像出版社2016年版，第169～177页。文中内容根据洼子村《张氏族谱》《洼子村革命烈士纪念碑文》等资料改编而来。

族，家族向来注重教化，族中子弟皆品性善良、胸有大志，从小就有报效祖国的愿望。抗日战争爆发之后，张家的优秀青年积极投入到了保家卫国的洪流之中，从十四年抗战到三年解放战争，从追剿残匪到抗美援朝，处处都有他们的身影。他们用自己的血肉之躯，为洼子村张氏家族谱写了一篇篇保家卫国的壮烈篇章！

(一)抗击日寇的张佃梓

张佃梓是洼子村张氏家族第十七世族人，1911 年 11 月出生，当时中华大地上正在经历着重大的变革，民众的生活在连年的战争下非常困苦。张佃梓虽然因家庭穷困没有受过教育，但良好的家风和严格的族规家训还是让他养成了心系国家和民众的集体观念。面对满目疮痍的中国，张佃梓从小即树立了为国家做贡献的理想。

抗日战争全面爆发后，丧心病狂的日本鬼子将战火迅速蔓延到齐鲁大地，1937 年 12 月，日军占领济南、泰安，并逐渐向鲁中腹地逼近。面对日军的进攻，国民党不战而逃，将山东大部分地区拱手相让。日军在沦陷区烧杀抢掠无恶不作，一时间山东大部分地区陷入一片水深火热之中。时年 26 岁的张佃梓一方面痛恨国民党不顾百姓、仓皇逃难的行为，另一方面又恨自己没有机会上阵杀敌、为国尽忠。空怀一颗报国之心的张佃梓，只能依靠自己的力量到处奔走，试图组织村民抗击日军。

1938 年 3 月，共产党代表来当地组织建立抗日游击队的工作，张佃梓毫不犹豫地报名参加。从此他握上钢枪，成为了一名真正的战士，开始了痛击日军和日伪军的战斗历程。1938 年 6 月，张佃梓所在的抗日游击队被正式编入八路军战斗序列。1938 年 12 月，八路军山东纵队正式成立，张佃梓成为山东纵队的一名普通战士，活跃在鲁中广大地区。张佃梓因为刚烈果断、作战英勇、屡立奇功而被上级赏识，被称为队中“四大猛将”之一。

1944 年春天，大地尚未复苏，寒风依旧料峭。自从战争爆发以来，张佃梓似乎就没再感受过春天的温暖。习惯了在饥寒交迫中艰难生存的他，早已经养成了对一切困难都能泰然处之的品质。然而，侦察兵刚刚送来的一条情报，却让包括他在内的所有人都大吃一惊——一小队鬼子与吴化文领导的上万名伪军占据了莱芜黄庄的中心炮楼，这无异于在我军旁边安放了

一颗剧毒的獠牙，我军随时都有被咬上一口的危险。面对紧迫的形势，我军鲁中军区四团在王建安司令员的指导下，对吴化文部接连展开了三次讨伐战争，而张佃梓也迎来了人生中最激烈的攻坚战。

战斗先从拔掉日伪军在中心炮楼外围架设的小炮楼开始，一个个炮楼对日伪军来说是最好的掩体，被利欲熏黑了心的他们藏身于炮楼之中，用日本人发给他们的先进武器，无情地冲着自己的同胞射击。为了早日攻克中心炮楼、不给敌军增援的机会，八路军战士们冒着枪林弹雨不顾一切地往前冲去。攻坚战最需要的是耐力、勇气和不怕死的精神，而这一切却又往往会付出流血和牺牲的代价。眼见着一起奋斗的战友们一个个倒在了自己同胞的枪下，张佃梓愈发愤怒，他恨这些投敌卖国的人，更恨这些拿着别人的武器冲自己人开枪的人。眼见着前方炮楼里的敌人又打伤了一名战友，张佃梓再也沉不住气了，他抓起枪来从战壕中一跃而出，在战友们还没反应过来的情况下就已经冲了出去。他猫着腰快步往小炮楼跑着，身前的子弹的穿梭声与身后战友们的呼喊声交织在了一起，他希望尽可能地离炮楼近一些，好把手中早已捆绑在一起的几颗手榴弹准确无误地扔过去。他似乎没有去想生与死的问题，然而如此大幅度的移动还是引起了炮楼里敌人的注意，他中弹了，不过好在是左肩膀，他忍着疼痛继续匍匐前进，他不认为他会死，因为他是“四大猛将”之一，因为他已经经历了无数次的战斗。然而当又有两颗子弹穿进了他的后背之后，他明白他再也爬不动了，也无法将这个炮楼炸掉了。他回头看了一眼他的战友们，带着一脸的失望与遗憾，离开了这个令他愤怒却又让他满怀希望的世界。

战斗结束后，战友们满怀悲伤地将他安葬在了莱芜，因为物资有限，除了一位排长用了一口薄棺材之外，张佃梓和其他战士的遗体只能用草席包裹。那年他未满33周岁，却比队伍里大多数战士的年龄都要大一些。他虽然最终没有成功，但永远都是他们眼中最英勇的大哥。张佃梓也是洼子村张氏家族的第一位烈士，他的英雄事迹一直激励着后代人奋发向前！

（二）文武双全的张宏沼

张宏沼出生于1929年，为洼子村张氏家族第十八世族人，其祖辈张邦斌进取有为，置办下大份产业，在整个罗村镇显赫一时。张宏沼出生后，由于

连年战乱加家庭变故，家族虽然急速衰败，但毕竟家大业大，生活境遇尚可。张宏沼在年幼时接受了几年的私塾教育，在一定程度上也算是文化人。

抗日战争全面爆发后，整个民族陷入生死存亡的关头，张宏沼有心想为国家和民族贡献力量，但无奈年龄尚小，可谓有心无力，而族中长辈张佃梓的壮烈牺牲，也成为他积极投身革命的重要支撑力量。抗战胜利以后，期待和平的他眼见国民党悍然发动内战的现实情况，于是愤然与族中张宏汉、张宏澍以及第十九世族人张世忠、张世萃等人"投笔从戎"，于1947年加入了中国人民解放军。他们都被编入华东野战军警备一团，其中张宏沼因能识字断文，又加上生性聪慧，领悟力强，而被编入通讯连，成为一名通讯员。他们与战友们一起，在许世友司令的领导下，成功粉碎了国民党对山东解放区的重点进攻，转入反攻阶段。

1948年1月，张宏沼所在部队在莱芜与一小撮流窜的国民党士兵交火，同族的张世忠壮烈牺牲。张宏沼在废墟中，找到了这位比自己还年长一岁的侄子的遗体，因为部队的纪律和形势的需要，他无法将遗体亲自送回老家，只能将他与其他在战斗中牺牲的战士一起埋在了他们奋力争取过来的莱芜大地上。1948年3月，张宏沼和他的战友们为了完成党中央提出的歼灭胶济线之敌的任务，向周村、张店、淄川等地发起了猛攻。经过几天的激战，他们剿灭了驻守国民党军近4万人，成功切断了国民党军在济南和潍县之间的联系。然而不幸的是，他带出来的另一位还不满18岁的族人张世萃，也在洪山战斗中牺牲了。看着自己带出来的晚辈先后牺牲，张宏沼悲痛欲绝。由于洪山距离老家洼子村只有不到10公里，张宏沼特意请假，亲自将张世萃的遗体带回了老家，安葬在村西的土地上。

攻占张店后，他们要面对的就是国民党内部有着"固若金汤""鲁中堡垒"之称的潍县。这又是一场攻坚战，也是山东大地上第一次城市攻坚战，这里盘踞着诸多臭名昭著的反共分子。面对复杂的形势和艰难的任务，作为通讯员的张宏沼也拿起了武器，走向前线。

潍县的防御工事非常复杂，是日本人与蒋介石苦心经营10多年的成果，其中最核心也最坚固的就是潍县的西城。西城从内向外，总共布置了三道防线，直至攻城前夕，国民党军队还豪言共产党打不破潍县城，高级将领王耀武甚至开始策划在济南举办庆功宴。1948年4月23日黄昏，天色稍

暗，在国民党军队上下都还掉以轻心之时，解放军已经开始了大规模的攻城行动。张宏沼跟随作战部队冒着枪林弹雨拼命往前冲，从黄昏冲到深夜，也不知冲了多久、打了多久，总算来到了潍县西城城墙脚下。看着潍县高达15米的城墙，张宏沼震惊了。年幼的他，对攻城战的战略方法还停留在幼时所学古书上的云梯、云车上，面对如此高的城墙，竟一时有些不知所措。然而，这样的疑惑并没有停留多久，身后的炮火声就响了起来。经过一个半小时的炮击，张宏沼所面对的城墙基本上被摧毁殆尽，张宏沼和他的战友们开始攻城。此时张宏沼的信心已经被连续的炮击点燃，他仿佛看到了胜利的曙光。于是他尽情地冲向残败的西城，与国民党军队开始了对攻战。张宏沼击杀了一个又一个的敌人，虽然自己也有多处不同程度的受伤，但他始终相信胜利就在眼前。然而，命运是无情的，当胜利越来越近的时候，一颗国民党军队扔来的炸弹却在他身前残忍地爆炸了，巨大的冲击力夹杂着弹片和土石向他迎面冲来，带走了他年仅19岁的鲜活生命。

张宏沼是部队里出名的文化人，他的突然离世，让与他相依为命的战友们痛不欲生。而对于张家来说，他们从此少了一位腹有诗书气自华的年轻人，却多了一位抛头颅、洒热血、为国捐躯的忠勇烈士！

（三）耿直豪爽的张世忠

张世忠，1928年出生，洼子村张氏家族第十九世族人。他从小就有任侠之风，性情耿直，为人豪爽，在同龄人中地位极高。如果说张宏沼算作“白面秀才”的话，那么张世忠就是“黑面将军”了。他生得魁梧黑壮，气力惊人，又愿意打抱不平，因此很多同龄人愿意跟在他的左右，把他当作“带头大哥”，就连长他一辈的张宏沼也愿意接受他的领导。

1947年7月，张宏沼找到张世忠，动员他加入解放军，为国家的和平和人民的幸福事业出一份力。张世忠虽然没有读过多少书，不懂得大道理，但是国共两党的所作所为，他却看得一清二楚，于是立马答应张宏沼，一起投身解放军，从此他便以解放全中国作为自己的最高理想。由于家中有事情需要处理，张世忠让张宏沼与张世萃先行一步，直到8月他才处理完家事，顺利加入到他们所在的警备一团二连，19岁的他正式成为一名解放军战士。当兵以后，由于他体格健壮，在训练中表现非常突出，尤其擅长徒手格斗，似

有武术功底一般，三四个人常常难以近身，因此深得领导赏识，被认为是单兵作战能力最强的新兵。

1948 年 1 月，入伍不到半年的张世忠，在莱芜地区与一小撮流窜的国民党部队交上了火，这是他第一次参加真正的战斗。平时在训练中的优秀表现，让他具备了相当大的自信，再加上性格上的豪爽，他并未像其他第一次上战场的士兵那样紧张和害怕。他如同一名有着丰富战斗经验的老兵，熟练地操作着手中的步枪，沉着应战。战斗中往往最冷静的人最容易获胜，于是一个又一个的敌人在他的攻击中倒下，旁边的老同志们都不由得向他竖起了大拇指。据他的老战友回忆，他的自信与沉着让他们由衷地感到敬佩。在那一刻，大家都为他与生俱来的气质所鼓舞，纷纷将紧张的情绪抛到脑后，开始全力应付战斗。

张世忠的优异表现引起了敌方的注意，他成为了敌方的眼中钉、肉中刺，他所在的方位成了敌人重点射击的区域。或许是初次上战场缺乏经验，没有察觉到他所在区域的危险；或许是在战斗中拼红了眼，来不及变换地点；抑或是他耿直的性格，决定了他不会变通的行事方式，他始终固定在一个地方没有挪动。随着敌人更加猛烈的火力，他负伤了；被敌人火力压制住的战友们大声地呼喊让他回来。他刚一动身，还未等战友们接应，便又中弹倒下，从此再也没有站起来。

曾经的“带头大哥”，就这样在 20 岁的时候，带头为国家捐躯了，他最终被埋葬在了他战斗过的地方。耿直的他从投入战斗，到流血牺牲，再到永久长眠，都在这同一个地方。虽然未能回到故乡，但或许他也愿意长眠于此，继续守卫着这片得来不易的土地！

（四）魂归故里的张世萃

张世萃，1930 年出生，为洼子村张氏家族第十九世族人，17 岁那年与张宏沼、张世忠等人一起参加解放军，在警备一团当战士。他与战友们一起活跃在鲁中地区的胶济铁路沿线，入伍不久他就参加了莱芜战役，成功打压了国民党占据临沂后的嚣张气焰。后来又参加了潍县战役，在这次战斗中，作为新兵的张世萃虽然年龄小、个头小，但是表现勇猛，身段灵活，有勇有谋，深得战友们喜爱。他平时喜好开玩笑，言语间颇为幽默风趣；又加上年龄

小，队中的老大哥们都特别照顾他、保护他。正因如此，虽然经历多次战斗，且在每次战斗中张世萃都向来勇字当头不管不顾，但每次都能有惊无险，全身而退。

年长他2岁的同族哥哥张世忠的牺牲，让他久久缓不过劲儿来，他平时与张世忠关系极为要好，张世忠在村里的时候就是他们这一群人的“带头大哥”，平时替他们出头，带他们玩耍。当他见到张世忠的遗体时，伤心悲痛之余，他心中唯一的想法就是把大哥带回老家洼子村安葬，让他入土为安，然而当时的形势却不允许他这么做。年幼倔强的他一时冲动，宁愿就地退役也要将张世忠的遗体带回老家。为了阻止他的不理智行为，队里的大小干部挨个儿找他谈话，晓之以理，动之以情，直到张宏沼以叔叔的身份劝解他，他才答应了组织上的要求。在亲手安葬张世忠的时候，他就当着众位战士的面，向九泉下的张世忠发誓，等有朝一日全国解放，一定会来这里将张世忠带回洼子老家，当时在场的领导与战友们无不闻之落泪。

1948年3月，他们接到组织上的命令，开始攻打周村、张店、淄川等地，以切断潍县、济南两大城市的国民党军之间的协作与联系，为解放潍县消除后顾之忧。于是他们立即开拔来到了张世萃的家乡淄博。张世萃所在的队伍主要在洪山一带活动，洪山位于淄川区中心东部，与张世萃的老家洼子村仅有10公里。在自己的家乡作战，张世萃更有一种别样的心情，他希望尽自己最大的努力让家人尽早摆脱灾难，过上安定和平的生活。于是他憋了一股劲儿，在战斗中比以往更加勇猛；再加上张世忠的离去，他身上所爆发出来的气质更加让敌人胆寒，几乎所有人都能看到他眼神中似要喷发出来的愤怒火焰。随着时间的推移，战斗逐渐进入白热化，一部分国民党军仗着自己有掩体以及武器先进仍在负隅顽抗，张世萃所在的小队与一队藏在掩体之后的国民党残余部队相遇。国民党军队拥有两挺机枪，不断喷出的火苗将解放军队伍压制得不能前行。时间一点点浪费，国民党援军随时有可能到来，在危急的时刻，解放军们开始强行冲锋。张世萃又一次冲到了最前面，队中的老大哥们有心想把他围到身后，却不想张世萃早已经被仇恨点燃了斗志，他不顾一切地向前冲去，利用自己灵活的身体左冲右突。他成功吸引了负隅顽抗的国民党军的注意力，无数的枪炮都对准了他，无数的子弹向他飞来，纵使他有灵猿般灵活柔韧的身体，也难以抵御如雨点般纷飞的子

弹。谁也不知道他身中了几弹，但大家都知道，是他的牺牲为大家吸引了火力，争取了时间，最终剿灭了这一支负隅顽抗的敌人。

队伍中的开心果和小兄弟的牺牲让大家沉默了好久，也让张宏沼又一次悲伤到崩溃。他想起了张世忠牺牲时张世萃的誓言，决定连夜将张世萃的遗体送回老家。最终张世萃被安葬在了老家的祖茔中，长眠于祖先身旁，成为洼子村为国捐躯的英烈中唯一一位魂归故里的烈士！

(五)走南闯北的张宏汉

张宏汉，1929 年出生，由于家道中落，11 岁那年就跟随父亲以下煤井挖煤为生。他自小就吃了许多大人都没吃过的苦，因此对新生活无比渴望。共产党进入淄博之后实行土地改革，张宏汉坚决支持共产党的工作，加入洼子村民兵连，不久之后即因表现优异而成为民兵队长，后又升任淄川区民兵联防排长。1947 年，张宏汉主动响应党的号召参加解放军队伍，与张宏沼等人一同被分在警备一团，在警备一团一营一连任战士。

1948 年 1 月，在一次战斗中，初上战场的张宏汉不幸中弹，身受重伤，不得不住院休养，出院后又回到警备一团一营担任通讯员。尚未完全痊愈的他，随即跟随部队参加了著名的潍县战役，当时作为通讯员的他并未冲到前线，但也为潍县战役的取胜贡献了不小的力量。1948 年下半年，张宏汉离开了一起从老家出来投身解放军的张宏沼等人，被转到第三野战军(即之前的华东野战军)三十五军一〇四师三一一团三营，成为营部通讯班副班长。在此期间，他作为通讯员参加了佛村战斗、费城战斗、新泰公路伏击战、杨丘山战斗、翟庄战斗、大汶口战斗等大小十几次战斗。因为人员紧张，有好几次战斗他都深入前线，并多次受伤，所幸每次都无大碍。

1948 年 9 月，华东野战军在粟裕的领导下发动济南战役，张宏汉成为 32 万名解放军战士中的一员。华东野战军采取了“攻济打援”的策略，张宏汉与其他 14 万名将士一起成为攻克济南的主要力量。最终经过连续八个昼夜的激战，他们全歼国民党济南守军 10 万多人，解放了山东省会，从此揭开了解放军与国民党间战略性决战的序幕。在这场战斗中张宏汉表现优异，多次受到了上级的表扬。之后，张宏汉又和战友们一起参加了三大战役之一的淮海战役，以及后来的渡江战役，跟随解放军部队辗转千里，一直跨过

长江，攻入南京。渡江后，他又多次参加了剿匪活动，立下不少功劳。但同时，连年征战所遭受的大小伤病，也让他的身体状况每况愈下。1949 年5 月，张宏汉被调入后勤部汽车训练队学习汽车驾驶技术，同年年底毕业后分配到后勤部汽车三连二排。他从助手驾驶员开始，凭借自己优秀的开车技术，逐渐成为驾驶班长、副排长、排长，并曾输送野战医院到福建金门，参加解放金门岛的战斗。

1954 年，张宏汉因为政治条件好、技术水平高，以骨干成员的身份调入北京，担任北京机关事务局的领导。在北戴河召开的政务院会议、在北京召开的第一届全国人民代表大会，以及庆祝中华人民共和国成立五周年和军事学院的军事演习等活动中，张宏汉均表现优异，出色地完成了工作任务。张宏汉在部队的几十年中由于作战勇敢、吃苦耐劳，多次获得上级嘉奖，曾被授予“安全行车排”“四好汽车队”“班集体三等功”等荣誉称号，并被授予华东军区颁发的“淮海战役”纪念章、“渡江战役”纪念章、“全国人民慰问解放军”纪念章，以及中华人民共和国颁发的解放军奖章，还曾当选为省军区司令部直属队党代表。

张宏汉退休以后长期定居杭州，刚退休的一段时间内，张宏汉每年都要回老家看望亲人，并祭奠逝去的战友。2011 年，82 岁的他再一次回到老家，他知道这可能是他最后一次回家了。在洼子村的老宅里，他拄着拐杖静静地矗立了一整个下午，眼中的清泪如同岁月般滴落，也如同逝去的岁月般慢慢消失。在那一刻，他的心中，除了浓浓的乡情，肯定还会有那一辈子的戎马倥偬！

(六)有国有家的张世平

张世平，1922 年出生，洼子村张氏家族第十九世族人，1946 年，张世平加入民兵连，积极投入到支援解放军的工作中去。1947 年，由于形势需要，张世平加入中国人民解放军。早在民兵连的时候，张世平就已经表现出出色的侦察能力，常常为解放军侦察敌情以及获取情报，因此入伍之后，作为特殊人才被分入了侦察连。

1948 年 9 月，为了解放济南，解放军重新编排战斗序列。张世平由于工作突出，被调入鲁中南纵队三一一团侦察连，加入攻城西集团，与兄弟部队

协同作战，共同攻克商河。张世平等人提前潜伏济南城西获取关键情报，为所属分队的顺利攻城提供了条件，做出了巨大贡献。在后来的淮海战役中，张世平随队来到郯城，与山东省保安旅展开激烈战斗，张世平在这次战斗中表现极为勇猛，连续击杀数名敌军，威震一时。后随部队奔赴长江以南，在南方继续参与战斗，多次立功。1949 年 6 月，他在追剿残敌的战斗中入党，成为了一名优秀的共产党员。1949 年 10 月以后，张世平继续参与追剿国民党残匪的战斗，从未放松过神经。

1951 年，朝鲜战争爆发，张世平主动要求参加抗美援朝的战斗，为祖国继续贡献力量，获批之后随即奔赴前线。在朝鲜战场上，张世平依然英勇杀敌，一马当先，“三八线”追敌、血战汉江、板门店停战等到处都有张世平的身影。尤其是血战汉江之时，美军二十四师连同英军二十七旅，在炮兵、坦克和装甲车的掩护下分七路进攻，我军在汉江南岸予以阻截。在这场战役中，张世平的左臂被流弹击伤，眼看着大量战友伤亡，我军形势极为不利，张世平决定轻伤不下前线，简单包扎后仍然咬牙坚持了几个昼夜，胜利完成了阻击任务。从前线回来的张世平，受到了上级的高度表扬，而向来谦逊低调的他却不肯接受任何奖励。1953 年，取得抗美援朝重大胜利的人民志愿军回国，张世平也随着部队回到了阔别近三年的祖国。

回国之后，30 岁的张世平面临转业。按照他的高光履历，张世平可以转到不错的单位甚至是政府机关，但他却提出了回乡务农的要求。原因很简单，他认为当兵为的是保家卫国，实现祖国统一与和平，而不是为了个人前程。作为一个男人，心中要先有国，后有家，这是他当初舍弃家业加入解放军战斗十几年的理由，也是他如今愿意放弃一切回归家庭的理由。在国家已经和平的前提下，张世平想要回归家庭，侍奉父母，娶妻生子，把曾经亏欠家庭的弥补回来。然而，组织上却不想亏欠这位对中华人民共和国做出巨大贡献的勇士，于是以行政命令的方式，任命他到河南省某县华纱布公司出任经理，并要求他将工厂扭亏为盈。到岗上任后的张世平，一方面采取措施治理工厂；另一方面拒绝了组织上介绍的对象，回老家娶了媳妇。经过他的辛苦经营，公司终于扭亏为盈。至 1960 年，公司的生产与经营步入正轨，而张世平家中的父母年龄也越来越大，子女又年幼，张世平再一次向组织递交了辞职报告，最终组织上也认真考虑并尊重了张世平的意见。于是，张世平

得以回到久违的洼子村，成为一名朴实的农民，一边照顾着父母双亲和妻子儿女，一边勤勤恳恳地下地劳作，犹如归隐的将军一般，平平淡淡地享受着家庭的乐趣。

洼子村张家保家卫国的故事还有很多很多，除了以上六位之外，还有积极投身革命教育的张金山；为革命事业提供生产保障的矿务局局长张邦生；参加过孟良崮战役、开封战役等重大战役，在战斗中负伤致残，因积劳成疾病故的“英雄排长”张宏锋；在莱芜战役中负伤致残的张宏澍；参加了莱芜战役、南麻战役、孟良崮战役、淮海战役、渡江战役的张宏洲；高级炮校指挥系毕业，参加莱芜战役、孟良崮战役、淮海战役、渡江战役等大小数百次战役，在渡江战役中负伤致残，被授予大尉军衔的张世纯；获得荣誉无数的政治指导员上尉张世祥；曾参加过爆破任务，当兵第一年就随团累积作战380余次的张世禄；等等。所有这些先辈，都以实际行动为洼子村张家后人做出了榜样，激励着张家后人继续在为国家奋斗的道路上奋勇争先！

后记

本书的三位作者，都与鲁中山区洼子村有很深的渊源。张士闪和张帅生于斯、长于斯，是洼子村外出游学并客居他乡的游子；张佳是洼子村的“干闺女”，2006 年为写作硕士论文，拜村民张宏浩为“干爹”，从此成了多半洼子村人的亲戚。我们三人又都在高校工作，作为民俗学者，洼子村是我们学术起步的地方。2002 年，我曾打算将洼子村作为博士论文的田野点，虽然在赵世瑜教授的建议下另选他村，但情结深系，后来还是围绕洼子村作了些研究。张帅、张佳是两位青年学者，都选择洼子村作为硕士论文的田野点，下了一番苦功夫，顺利获得硕士学位。洼子村，对于我们来说意义非凡，在我们的民俗学之路上镌刻下一道道深刻印记：

张士闪：《山东村落中“神圣空间”的传统格局与现实效用——以鲁中地区淄博市洼子村的“老虎头”为例》，《民俗研究》2003 年第 4 期。

张士闪：《乡民艺术的文化解读——鲁中四村考察》，山东人民出版社 2005 年版。

张佳：《“替身”：村落文化的特殊载体——以淄博洼子村“换替身”禳灾仪式为个案》，中华吉祥文化与和谐社会建设学术研讨会暨山东省民俗学会 2007 年学术年会论文，山东潍坊，2007 年。

张佳：《文化表达与艺术表演：对于鲁中洼子村祭神仪式的民俗学分析》，山东艺术学院硕士学位论文，2008 年。

张士闪、张佳：《“常”与“非常”：一个鲁中村落的信仰秩序》，《民俗研究》2009 年第 4 期。

张士闪：《节日：乡土社会中知识传播与文化传承的特殊时段》，《节

日研究》2012 第 1 期。

张帅:《敬天爷爷》,《中华文化画报》2012 年第 1 期。

张帅:《社会转型期的年祭仪式变迁——以鲁中地区一个山村的“敬天爷爷”仪式为个案》,安徽大学硕士学位论文,2013 年。

张帅:《讲礼·传承·再造——山东省淄博市淄川区罗村镇洼子村春节习俗调查》,《节日研究》2014 年第 1 期。

张帅:《“礼”与“事儿”:信仰体系与实践的存在机制探析——以鲁中洼子村为例》,《民俗研究》2016 年第 4 期。

张士闪:《礼俗互动与中国社会研究》,《民俗研究》2016 年第 6 期。

即便如此,我们在今年 6 月完成本书初稿以后,还是感到前所未有的惶惑:这本以村名为书名的小书,真能载得起洼子村那悠久的历史和厚重的文化吗?

7 月,通过联系村委会,洼子村再一次向我们敞开宽厚胸怀,为我们提供帮助。整整一周的时间,我和张帅两度往返求教,收获巨大。特别是张宏浩、张宏仪、张宏清、张世华、张笃学、张笃俊、张笃杰、陈玉琦 7 人,年龄均在六旬以上,冒着酷暑几次来到村委办公室,认真倾听张帅一段一段地慢读书稿,参与书稿讨论。他们不仅校正书中细节、提出修改或补充意见,还对我们的写作理念提出异议,有时甚至相当尖锐。比如他们提出,洼子村有那么多的烈士、支前英雄,为什么没有写;为什么不重点突出“教师村”的特色,却要花费大量笔墨描写神鬼精怪、巫婆神汉之类“上不了台面”的事情——“外人看到这本书,还以为洼子村人就知道整天烧香拜佛呢!”他们的意见给予我们莫大启发,特别是开阔了我们的写作视野。在后期修改中,我们注意凸显村民的视角,尽量多地留存乡土生活的鲜活气息。可以说,这本村落民俗志是学者与村民共同创作的结果。

本书的完成,得到了以咸玉广书记为代表的村委会领导的大力协助,在此谨致以衷心的感谢!感谢那些敞开心扉接受我们访谈的洼子村父老乡亲,他们的淳朴善良、热情好客使我们感动不已。民俗之学即田野之学,村落孕育出最最纯朴的人文世界,为民俗学研究提供了最肥沃的土壤。信夫!

最后需要提及的是,我还冒昧请求淄川籍著名学者赵玉霞(原淄川教师进修学校副校长)帮助校对,她不避酷暑,慨然应允,同时还将书稿发给了孙兆跃老师(原淄川实验中学党委书记)。他们凭借对地方文献的熟稔,纠正了原稿中的多处舛误。对于上述领导、乡亲和同仁的倾心付出,我们在此一并表示诚挚谢意!谢谢您们!

有趣的是,在我们与村民围绕本书写作进行的交流过程中,竟催生了洼子村今年9月下旬举办的"庆国庆,迎十九大——洼子村首届传统艺术展演"的"五个一"活动,包括一个书画展、一台大戏、一次民间工艺展、一本画册、一本书等。目前,活动已在紧锣密鼓地筹备中。我们真诚地祝愿此次活动大获成功,并愿意为此贡献自己的一份力量!

张士闪

2017年9月5日

图书在版编目(CIP)数据

洼子村/张士闪,张帅,张佳著.—济南:山东大学出版社,2017.12

(山东村落田野研究丛书/张士闪,李松总主编)

ISBN 978-7-5607-5923-4

Ⅰ.①洼… Ⅱ.①张… ②张… ③张… Ⅲ.①村史—淄川区 Ⅳ.①K295.25

中国版本图书馆 CIP 数据核字(2017)第 328717 号

责任策划:傅 侃

责任编辑:陈佳意

装帧设计:牛 钧

出版发行:山东大学出版社

社 址 山东省济南市山大南路 20 号

邮 编 250100

电 话 市场部(0531)88363008

经 销:山东省新华书店

印 刷:山东华鑫天成印刷有限公司

规 格:720 毫米×1000 毫米 1/16

13.75 印张 212 千字

版 次:2017 年 12 月第 1 版

印 次:2017 年 12 月第 1 次印刷

定 价:47.00 元